中央教育審議会教育課程部会長
無藤 隆が
徹底解説

学習指導要領改訂のキーワード

解説 **無藤 隆**　　制作 **馬居 政幸　角替 弘規**

明治図書

まえがき

　本書は新しい学習指導要領の目指すところをいくつかのポイントに分けて，その趣旨を解説したものです。

　2016年8月に中央教育審議会教育課程企画特別部会から「次期学習指導要領に向けた審議のまとめ」が出ており，さらに同年12月にはそれを書き直した中央教育審議会答申が出ました。それを受けて，2017年3月に学習指導要領として告示されます。当然ながら，それは詳細に様々な面から議論を整理し，さらに各教科等にわたって具体的に述べていますが，そのため，かえって学習指導要領の改訂の一番大事なポイントが何かが分かりにくくなっているようにも思います。

　そこで，本書では対話という形を取って，思い切ってわかりやすさに努めて解説をしました。答申や指導要領の文章をそのまま忠実に引用し言い換えるというより，私なりの言い方にすべて直して論じています。

　それは，今回，中央教育審議会の教育課程部会や教育課程企画特別部会という，指導要領の「総則」に特に関わるところに参画して2年間ほど多くの委員や文科省の担当者と議論を行い，またその議論を整理してきたところで，考えたことや分かったことをまとめているのです。同時に，この25年ほどの教育心理学やカリキュラム研究やさらに現場実践の成果を念頭に置き，また世界の国々の21世紀としての学校とカリキュラムを問い直し，再構築していく動きを受けてのことです。

　今回の改訂の趣旨は以下の4つほどのところを特にとらえることで見えてくるものです。

　第1は「社会に開かれた教育課程」というとらえ方です。それを，未来軸，主体軸，社会軸として整理できます。10年後・20年後の未来社会を構想しつつ，未知の出来事が次々に起こるであろう事態へと対応できるよう，学び続ける主体としての力を養い，そのために学校がどうあったらよいのかを学校の当事者と共に社会の多様な人々と共に考えていきます。

第2はカリキュラム・マネジメントです。それは，教育課程やその他の教育活動や指導計画等の学校が行うことについて，目標を見直し，とりわけ教科横断的な面に配慮し，それがうまく働いているかの点検と改善を進め，そのために保護者や地域の人たちと協力し，それぞれの責務を果たしつつ，助け合うことです。学校が行うことは文部科学省や教育委員会の規定によって，あるいは教科書ですべて決まるわけではなく，裁量部分がかなりあるのだと改めて見直し，子どもの未来のための学校を作ることなのです。

　第3は，それを受けて，学校としてではどういう子どもを育てるかを，個別の教科などを超えて，未来に生きるための核となる力を明確にすることです。それを資質・能力と呼び，知識・技能の面，思考力などの面，学びに向かう力などの面として整理しました。それは知的な力としての知識と思考，情意の力としての意欲や意志などを組合せ，それらが習得・活用・探究のサイクルを通して高めあっていく過程として学校教育を構想することです。知識を構造化し思考力を支え，思考によってさらに構造化・概念化が進むことと，それを通して意欲や意志が高まることをいっています。

　さらに，その構造化された知識と意欲の組合せが教科等で実現していくとき，その教科固有のあり方が問題解決の道具として使われるようになっていきます。そのあり方を教科等における見方・考え方と呼んで，それが教科等ごとの指導要領の骨格を構成するようにしていきます。

　第4はアクティブ・ラーニングを子どもが学ぶ過程における中核にある働きとしてとらえ，その際の指導のポイントを明確にすることです。学習者が与えられた情報を元にそれに取り組む過程は能動的でなければ成り立ちません。新たな情報を自分なりの理解で既に獲得してきた構造的な知識に組み込むことだからです。学びは本質的にアクティブなのです。それを指導において喚起し，持続させるにはどうしたらよいのか。当然，教師がわかりやすく解説することもその促しとして必要なことです。その上で，とりわけ，3つの学びのあり方を，単元のそこかしこに多少とも実現しようと指導を工夫していったらどうでしょうか。それを，主体的・対話的で深い学びの実現と呼

んでいます。

　主体的学びとは意欲を持って学び，最後まで粘り強く取り組んでいくことであり，それは振り返りと見通しを持って学ぶことにより可能になります。対話的学びとは各自が自分の考えを表現し，その多様な表現を共有し，そこから自分の考えを見直ししつつ，他者の考えから学び，相互に発展させていくことです。深い学びとは，主体的で対話的な学びを通して，教科等の見方・考え方を深め，自分の問題解決の道具として使えるようにしていく過程です。それらの学びをいずれは自分でも出来るようにしていくことが学校教育の使命です。

　以上のような考え方が学習指導要領の「総則」に記されると共に，各教科等の目標と内容に反映されていきます。資質・能力の三つの柱を教科等において目標とし，そこに見方・考え方を内容として具体化し，指導の留意点として3つの学びが示されることが基本形となります。

　終わりに，この対話を可能にして頂き，単なるインタビューを超えて，全体を構成し，内容を実のあるものにして頂いた馬居政幸先生と角替弘規先生に感謝致します。また異例のやり方を分かりやすい形にして頂いた明治図書編集部にお礼を申し上げます。

2017年1月

無藤　隆

まえがき
序：お話をうかがうにあたって　　　…9

第1章 学校教育の存在理由を問う
…11
―学習指導要領改訂の背景―

1. 改訂の背景となる社会の変化
2. 「真なる生涯学習」に向けて
3. 知識の爆発
4. 知識の質の変化
5. 知識の生産・再生産
6. 知識の構造化
7. 「アクティブ」とは何か？

第2章 「社会に開かれた教育課程」
…29
―未来軸・社会軸・主体軸―

1. 未来軸
2. 社会軸
3. 主体軸
4. 「社会に開かれた教育課程」の主体は学校
5. 最低基準としての学習指導要領

第3章 今と未来の社会に開く「学びの地図」を …41

1. 子どもの学びと教師の指導の可視化と共有化を
2. 子どもたちの多様で質の高い学びを引き出す見取り図を
3. 主体的で自覚的な学びによる理解と感動を生む設計図を

第4章 カリキュラム・マネジメントとは …53

1. カリキュラム・マネジメントと教科の関係
2. カリキュラム・マネジメントのねらい
3. カリキュラム・マネジメントの必要性
4. カリキュラム・マネジメントと教科書の新たな役割

第5章 資質・能力の三つの柱と教科の「見方・考え方」 …65

1. 資質・能力と教科の関係
2. 知識の構造化と学力の再定義
3. 知識と理解と思考の繋がり
4. 学ぶ主体にとっての学ぶ意味とは
5. 教科の持つ豊かな知恵が学校教育の根幹
6. 教科における「〜的見方・考え方」とは
7. 知識の汎用性の新たな定義を
8. 教科横断的な単元の開発を
9. 学び手をよりアクティブに

目次

第6章 三つの学び
…95

1 主体的な学び
2 対話的な学び
3 深い学び

第7章 実践化のための授業の改善と研修のあり方
…105

1 各教科の改訂の方向性
2 アクティブ・ラーニングは授業観
3 実践化のための三つの水準
　1 一つの単元を取り出すことから
　2 校種間をも越えるカリキュラム・マネジメントを
　3 教職員全体で「社会に開かれた教育課程」を

第8章 評価の改訂の方向
…117

1 観点別評価と所見のあり方
　1 「観点別」は三つで単元レベルに
　2 所見は「キャリア・パスポート（仮称）」の観点を
2 「学びに向かう力，人間性」の評価はいかに？
3 評価の対象は教師の実践に
4 指導要録での改訂は

第9章 幼児教育の振興とスタート・カリキュラム …127

1. 幼小の接続とスタート・カリキュラム
2. 幼児教育における「10の姿」
3. 3歳児からの幼児教育の推進を
4. 幼児教育の責任は教育委員会に
5. なぜ3歳児からの幼児教育が重要性か

第10章 実践化への課題は教師のアクティブ化に …143

1. 教育委員会と小学校の課題は
2. 教師自身のアクティブ化が授業実践の鍵

本書の制作に携わって～教員養成に関わる立場から～

お話をうかがうにあたって

馬居 　無藤先生，本日はよろしくお願いします。
　いよいよ新しい学習指導要領の特色が明らかになってきました。特に，9月に「案」の字がとれました「次期学習指導要領等に向けたこれまでの審議のまとめ」（以下，「審議のまとめ」）やその要点を記した「審議のまとめのポイント」（以下「まとめのポイント」）を読むと，改訂内容の豊富さとともに，「審議のまとめ」にかかわった方たちの危機感とも思える切実感や切迫感が伝わってきます。特に最初のページにある次の文章に考えさせられました。
　「本『審議のまとめ』は，2030年の社会と，そして更にその先の豊かな未来において，子どもたちがよりよい人生とよりよい社会を築いていくために，教育課程を通じて初等中等教育が果たすべき役割を示すことを意図している。」
　この宣言文とも思える文章とかかわって，友人の指導主事の言葉を紹介します。
　「先生方を指導する立場で学習指導要領に関わるのは二回目ですが，実は，前回は自分が担当する教科の部分のみを取り出して改訂内容を伝える作業を工夫しました。しかし，今回は，『審議のまとめ』を読んでいくと総則の部分も含めた全体像の理解がなければ，どの教科も実践に移せないのでは，との思いが強くなりました。それでどのような伝え方をすればよいのか，悩んでいます。」
　実はこの友人の話を聞いた時に，無藤先生に語ってもらうしかな

い，と思ったのです。

　無藤先生は平成10年度と20年度，そして今回の改訂とあわせて三度に渡って学習指導要領の改訂に関わってこられました。特に，今期改訂では中心者の一人として取り組んでこられました。さらに，昨年からスタートした認定こども園の教育・保育要領の策定にも中心者の役割を担われました。今回の学習指導要領改訂に込められた新たな教育の理念と教育実践の方法を，子ども一人ひとりの学びの姿を通して語る上で最もふさわしい方と判断した理由です。

　特に，紹介した友人のように指導する立場にある先生方だけではなく，次の時代を担う若い先生方に希望をもっていただけるように，「審議のまとめ」を通して次期学習指導要領等が目指す教育の理念と実践のポイントを語ってください。

引用図表と中央教育審議会答申について

　本書では，解説の内容に応じて，「審議のまとめ」に紹介される下記の図表を引用しますが，本書の紙幅と印刷上の制限から，制作者の責任で模倣図を作成しました。その引用図も含めて，本書で解説した「審議のまとめ」の内容は，2016年12月に発表された中央教育審議会答申において確認できます。なお，中教審答申は，文部科学省のホームページ http://www.mext.go.jp/ で PDF 版をダウンロード下さい。

◇「学習指導要領改訂の方向性」「育成を目指す資質・能力の三つの柱(案)」
◇社会科，地理歴史科，公民科における「社会的な見方・考え方」のイメージ
◇資質・能力の育成と主体的・対話的で深い学び（「アクティブ・ラーニング」の視点）の関係（イメージ）
◇学習指導要領・総則の改善イメージ
◇幼児期の終わりまでに育ってほしい姿の整理イメージ

第1章
学校教育の存在理由を問う
—学習指導要領改訂の背景—

> 今回の学習指導要領の改訂において示される教育理念の理解と実践への展開には，総則まで含んだ全体的な理解が不可欠になるでしょう。こうした大がかりな改訂が必要になった背景には，社会のどのような変化が想定されているのでしょうか。
> 「知識の構造化」が重要なキーワードになります。

▶▶▶ 構　成
1. 改訂の背景となる社会の変化
2. 「真なる生涯学習」に向けて
3. 知識の爆発
4. 知識の質の変化
5. 知識の生産・再生産
6. 知識の構造化
7. 「アクティブ」とは何か？

1 改訂の背景となる社会の変化

無藤　今回の改訂のものすごく大きな話から始めると，例えば2030年等々の未来像というのが打ち出されています。それは，「その時に必要なことを今やるべきであるということではない」ということが大事なポイントで，なぜかといえば，その時に何が必要か分からないからですね。

　しかし，かなり共通した問題意識というのは，世界も日本もとにかく大変な時代であろうということです。その大変さが何かも分からないわけで，経済的に大変かもしれないし，地球温暖化で大変かもしれないし，分からないけれど，とにかく色々なことが起きている。今までも起きていたけど，これ以上に起きていくということですね。そういう問題意識の切実さというものは，従来と比べたら格段に違うと思います。今までの日本のやってきた努力の延長線では済まない。それは，延長線を否定しているわけではなく，延長線でしかできないんだから延長線を生かすのだが，それでも「どうもそれだけでは済まない」という，かなり質の違う努力が求められるということだと思います。もう少し砕いて言えば，日本が国際化する中で，英語が必要とか必要でないというのはもちろん大事なポイントですが，そのことより，みんなが思い描いている日本の10年先，20年先は，日本はもう，世界の一つの国として流動化するはずであるわけです。

馬居　スーパーグローバルというわけですね。

無藤　はい。様々な人々，多様な国籍・人種の人々と一緒に暮らす時代になるに決まっているわけですから，そうした中で日本人が，ある

いは日本の教育を受けた人がどのぐらいしっかりやれるのかというのが一つあるとと思います。

馬居　それは，国の内外を問わず，と考えてよいでしょうね。

無藤　そうですね。もう一つは，しょっちゅう出てくるＡＩに代表されるような働き方の違いです。変容していくだろうと。一部が言うほどＡＩが進むかどうかなんて誰にも分かりませんが，いずれにしても仕事のやり方が変わっていくということですよね。

「真なる生涯学習」に向けて

無藤　その二つを前提にして考えていくと，学校教育というのは基礎的な知識を与えることは当然ながら必要ですが，そのうえで，自分で学んでいくようにしていかざるを得ない。これは昔から「生涯学習」と言われてきましたが，これがどの人にとっても本当に真剣な課題だということです。昔の生涯学習は，悪く言えば趣味だったと思いますが，今は生き延びる術だと思いますね。そうなってきた時に，学校を卒業してから新たにまた学んでいくということではなくて，学校にいる時代から自ら学んでいくという姿勢を作っていくしかない。そう考えてみると，学校が提供する情報だけではなく，社会資源とかインターネットによる情報等々を含めて膨大なものになってきているわけです。

　ある意味では，今回の改訂は，「学校教育がこれからの日本社会でどう意味を成すか」とか，「学校教育というものはそもそも存在理由があるのか」ということ，そういうふうに問われようとしている。それに対する一つの回答の試みだと思いますね。はっきり言え

ば，日本の文科系の大学教育の存在価値は怪しい。それから，日本の高校教育の存在価値も怪しい。中学は要るか。「多分，それは要るだろう」というのは小学校ぐらいで，あとは，幼稚園は要るか，中学は要るか，高校は要

無藤隆先生

るか，大学は要るか。もちろん，行かなくて遊んでいれば大丈夫という世界ではないですから行かざるを得ませんが，「本当に大丈夫なの？」というのは，諸外国と比べた場合もあるし，インターネットで学ぶということもあるし，あるいは，10年先なんてちょっとした先ですからね。「そういうところで本当にやっていけるような子どもたちになってるの？」などと問われた時に，「いよいよ危ない」というぐらいに本気にならなければいけないと思いますね。

馬居 これは学校ではなく教師一人ひとりが今のままであれば，自分の存在理由が問われるということでしょうか。

無藤 と思いますね。今25歳の人が40年ですよね。大部分が65歳まで教師をやるでしょうから。25歳の指導法が40年続くかと問われたら，それは無理でしょう。

馬居 本当にそうですね。

無藤 とは言え，どうなるかも分からないから，とにかく変え続けていくしかないわけです。指導要領の改訂というものは，私は，今回にしても，極めて画期的で，大改革かもしれませんが，どちらかというと，少しずつ少しずつ連続的に発展してきているものだと思いますし，指導要領の改訂の経緯を見ますと，半分は文科省や中教審で議論して下におろしているように見えて，もう半分は，現場の良質

な自主性をいかに取り込むかということでやっていることなんですね。

ですから，そこでの現場代表者はもちろんですが，有識者に該当するところの研究者や関連する人たちも，様々な現場をリードしているトップランクの学校，教師の実践をどうやって組み入れるか。組み入れる以上は，「名人の先生はすごいよ」と書いても仕方がないので，誰にでもとは言わないが，多くの学校で実践出来る形にこなしていかなければならず，そこを一生懸命考えているわけです。ですから，当然ながら，現場の成熟・発展と平行しているということですね。

そういう形で出てきているというのと，もう一つは，今回，様々な二項対立を超えていくということを，色々な意味で強調しています。それは，過去の揺れとか対立が，必要な部分はあるにしても，無駄なことになって揺れ過ぎてしまうみたいなことを避ける。そして，結局，二項対立と呼ばれているものは大体両方必要だということに落ち着くわけです。

馬居 学習する知識の量と精選の対立とか，授業時間数の確保とゆとりの時間の保障の対立などですね。

無藤 そうですね，知識と，例えば，思考力とか，知的な力と情意的な力と，みんな両方必要であると。それは，冷静に考えれば50年前，100年前からそうですが，それが具体的な授業実践の中で統合的に指導できる見通しが出てきていて，それを受けていると思います。もちろん，理論的進歩もあるわけです。

そういう意味で，ホップ・ステップ・ジャンプではありませんが，少しずつレベルを上げるというふうになってきたと思います。実際，私は，学校教育，個別の学校とか，個々の先生に対する批判はたくさんあると思いますが，でも，平均水準は上がってきていると思います。なぜかと言うと，個々の先生の力量が50年前に比べて上がっ

たか，ということではなく，個々の先生を支える条件が豊かになってきていると思います。たくさんの情報のもとで，たくさんの教材の中で授業というのはあるので，白紙で何もなくて授業をするなら，50年前の名人先生がとてつもなく優秀だと思いますが，今はそういうものが，様々な教材や，市販の本や，教科書や，色々な形で提供されていて，どの先生もそこそこできるという水準に支えられるようになってきているので，水準は結構高くなったと思います。そういう中で，学校教育の高度化というのは少しずつ進んできたと思いますが，ではそのうえで，もうワンランク進めばいいのかと言えば，半分はそのとおりですが，現在，二つ，三つ，重大な問題があると思います。

3 知識の爆発

無藤　一つは，知識基盤社会とよく言われますが，そのいくつかの面ですが，一つの面として知識の爆発の問題ですね。

馬居　単に量が増えたのではなく"爆発"ですね。

無藤　知識の爆発というのはどういうことかと言うと，教える内容はどんどん増えているわけです。代表的なものは大学教育だと思いますが，大学教育は，50年前と今，何が決定的に変わったかというと，高度専門教育が大学院に移った。最近は，修士より博士になると。博士課程でも一生懸命学んでいかなければならない…。

馬居　本当にそうですね。

無藤　要するに，昔は，博士課程に入ると，基礎勉強は終わっているから，ひたすら研究です。しかし今は，博士課程でも勉強し，研究を

するというふうになってしまって、博士論文の位置付けも変わってしまったわけですね。それだけ第一線に行くのは大変です。もちろん、例外の人はいくらでもいますが、でも、いまや卒論レベルで、場合によっては修士論文でも第一線にはならない。

馬居　確かに無理ですね。

無藤　先生が指導すれば別ですよ。先生がテーマを与えてやれば、それはそのまま第一線かもしれない。第一線に行くのが難しくなってしまったという面があるのですが、ただ、それは研究者の話、あるいは高度職業専門家の話であって、一般的に言うと、その動向に沿ったままでは、義務教育9年では足りないと。12年にしろ16年にしろ、一生学校にいなければいけなくなるから、そうではない。それは延ばせないわけです。

多分、18年、18歳まで、これは世界中で見ても限界で、高等教育への進学者が5割を超えているから、実質的には20歳とか22歳になるかもしれませんが、それ以上広がらない。延ばしようがないですよね。だって、そうすると働き手がいなくなってしまいますから。

そういう意味で言うと、義務教育でも、知識の爆発に対して精選せざるを得ない。精選というと、昔やった感じで、無理やり減らしてゆとり教育みたいな話になりますが、そうではなくて、知識爆発というのは、学校教育に置き替えると、常に精選していかなければならないものなのです。

理科でも社会科でも何でも、教えたい内容は、毎年、毎年、増えている。実際、専門家から意見を聞くと、「あれを教えてくれ」とか、「これを教えてくれ」とか、どんどん注文が来るんです。世の中もそうですよね。何とか教育に代表されるものは、「人権を教えてくれ」とか、主体者教育だとか、金銭教育だとか、情報教育だとか、プログラミングだとか、いやいや、悪徳業者にだまされるからそれを教えろとか、労働基準法を教えなければいけないとか、無数

に来るわけで，制限というよりは重点化の問題だと思いますけれど，そこもしなければならない。これが第一の問題ですよね。

馬居　爆発としか表現できないように増えていますが，そのすべてを学校教育が担うことができない以上，問題は重点化の基準と方法ということですね。

無藤　どうやって制約していくか，制限し，重点化していくかという，これが一つの問題で，これが後で申し上げる知識の構造化とか概念化という話です。

4　知識の質の変化

無藤　もう一つの問題は，知識の爆発というのは，実は，知識がこれだけ増えたというだけではなく，10年前に比べて知識量が10倍になりましたとか，何倍になりましたというだけではなく，その質の変化が大きいと思うのです。質の変化というのは，知識の生産というプロセスが活発になったということです。例えば，10年前は百科事典5冊本だったのが，今や10冊本にしないと間に合わなくて，10年後には20冊になるというようなことではなく，何冊にしようと足りない。そうではなくて，日々新しくなっていって，プロセスになっていく。知識生産プロセスの問題に変わったということです。

　そうすると，知識爆発に対して追い付いていかなければいけないということは，大人も絶えず学ばなければいけないということと同時に，知識生産の過程に，あるいは知識生産・再生産の過程にどの人も巻き込まれてしまうということです。つまり，知識基盤社会というのは，こちらに専門家なりがいて知識を作りますと，こっちに

消費者なり使い手がいて，それを学んで使いますという二分ではなくなってしまって，ある意味では，全員が知識を生産し，再生産する過程に入ってきてしまったと思うんですね。

　飲食店で働く人にしても，ファストフードのウェイターにしても，優秀な人であれば，与えられたマニュアルどおりではなく，もちろんそれを身につけたうえで，工夫していくわけです。それは，書かれた知識ではありませんが，ある意味では知識の創造にもなってくるわけです。

　実際，例えば，ラーメン屋さん一つとっても，ラーメン屋さんというのはものすごい激戦ですから，しょっちゅう新しい店が出て，潰れるし，同じ店でも，特にラーメン屋では「うちは50年，同じ味だ」って威張ることはあまりなくて，絶えず新しい工夫をしますよね。

馬居　本当にそうですね。

無藤　他の店もだんだんそうなってきました。要するに，社会の様々な所の人たちが，知識といっても広い意味だけれども，作り手によっての世界ですね。それが，広い意味での今の社会，そして，これからの社会になる。

馬居　それは，よく問題にされる，スマートホンやPCでインターネットを活用したSNSでの表現というだけではなくて，もっと大きな意味で，社会の仕組みそのものの中に，そういう要素が組み込まれていったということですね。

無藤　入っていくということですよね。それは，本当に現場で働いている人が日々感じていることであって，逆に言えば，小・中学校の先生たちは非常に守られていると思います。（学習指導要領は）たかだか10年に1回しか変わりませんが，会社やレストランで働いている人たちの知識流入はもっと早いですよね。「あそこの店でこういうことだって売れ出したら，うちにはお客が来なくなってしまう。

どうすればいい」となりますよね。

　そういう中で，絶えず工夫していくのは当たり前であって，スピードもものすごく早くなりましたし，情報の流出が早いから，ある日，ロンドン，ニューヨークで開発されたものが，翌週，東京に来てしまうわけです。

　つまり，知識爆発というのがそういう意味だとすると，学校教育で何をしなければいけないかと言うと，一つは，先ほど言ったように，教えるべき知識はできる限り重点化していく。しかし，それは20年前にやった時には，単純に知識の量を削減したが，そうではない。もちろん，知識の量を増やさないようにするのだが，そうではなくて，知識と知識を繋ぐ構造として把握できれば，それは，知識爆発に耐え得るような，つまり，今後，自分が学び，展開していく時に種になり得るようなものになるということです。

5 知識の生産・再生産

無藤　それから，もう一つは，知識を作り出すとか，再生産するとか，様々な知識を集めて，自分なりに加工してまとめるとか，そういう力を小学校の段階からつけて，そういう人たちが知識を作り出す側になるということです。

　だから，何十年か前までの学校教育というのは，基礎部分は，知識を身につける，誰かが作った正統的な，いわば正しい知識を身につける。それを応用し実践するのは卒業してからやりますよ，というようになっていたと思いますが，この数十年でそれは変わって，小学校段階から，子ども自身が自分たちで考える，知識を作り出す

側，小学生だから，厳密に言えば，作り出すというより再生産・再編成するやり方を身につけておかなければ，やっていけなくなったということです。

　その二つを柱にして考えているということが，現代社会，そして未来社会を想定した学校教育の在り方像になってきた。それが今回の改訂の背景だと思います。

　知識基盤社会というのは，10年前の指導要領改訂の時にも出しましたが，それが十分こなしきれなかったということだと思います。今回は，未来像というのを描き出す中で，そういう部分を非常に真剣に，かつ学校教育のカリキュラム，指導法まで落とし込んで考えようとしているということだと思います。

馬居　それは，「審議のまとめ」にある「社会に開かれた教育課程」，「カリキュラム・マネジメント」，「アクティブ・ラーニング」，「資質・能力」という繋がりでよろしいのですか。

無藤　そうですね，そういう繋がりだと思いますね。

知識の構造化

馬居　知識の構造論が中間に入ると思うのですが，でも，これは，先ほどの先生のお話をうかがうと，両方に広がるのではないですか。

無藤　と言うと？

馬居　知識量の爆発をどのように重点化するかということの基準や方法の問題と，知識を生み出したり，廃棄したり，操作するための方法という２つの方向に広がるのでは，という意味ですが。

無藤　そうです。

馬居　これも,知識の構造論の説明に繋がると理解してよろしいでしょうか。

無藤　そうですね。結局,構造と呼んでいるものは,非常に大事なポイントになり,後の「資質・能力」と繋がると思います。他方で,教科とは,知識体系と呼んでいますよね。体系的知識というのは,その体系的知識ごとポンと頭にカセットのように入るのではないんですね。構造化というのは,学習者が構造化しなければならない。入るのは,所詮,情報の断片なんです。バラバラに一個々々ずつ入るのですが,それらを繋ぎ,構造化は学習者が自らやらなければならない。

　複雑なものが一度に入らないということと同時に,既に学習者は色々なことを知っているので,それと結び付けなければいけないですよね。極めて当たり前のことですが,白紙でいる学習者はいない。白紙の学習者はいないという,すごく当たり前のことですが,その意味というか,含意にさほど気付いていなかったと思うのです。これは非常に重大なことですね。

　一つは,例えば,校種間の接続の問題です。小学校もゼロから始まるものではなく,その前がある。それから「一人ひとりの学び」と言っている時に,一人ひとりの前提知識が違うので,授業の時には一定に揃えるにしても,一人ひとり違うから,受け入れ方も違うんです。そういうことにどう配慮していくかということや,しょせん,繋ぐというのは本人の頭の問題なので,本人が努力して頭の中で繋がなければならない。その心的努力というものを,本人がやらなければいけないですよね。分かりやすく提示して,「こう繋がってるよ」,「なるほど」,ポンとは入らない。しこしこ繋がなければならない。という意味で,構造化というのは,本当に脳の中の回線を繋ぐことなので,ポンポンポンポン…と,鉄腕アトムみたいにカセットみたいなのをピョンと入れればよい,というふうにできてい

なくて，生物としての脳は，本当に回線を1本ずつ繋ぐ努力がいりますね。

そうすると，知識の体系としての教科そのものが，先生が丁寧に説明して，「なるほど，よく分かった」でポンと入るのではないので，極めて断片的にしか入らない。だから，そのまま放っておくと，本当に断片なんですよね。歴史の話で言えば，「長州征伐，聞いた聞いた」とかね。でも，「長州征伐知ってるんだ。長州ってどこだっけ」，「えっと，いやー…」，「山口県だよ」，「えー」とか言って。

馬居　授業参観で子どもたちが地図を見て「先生，載っていない」と叫ぶ場面によく出会いました。

無藤　そう。山口に「長」の字，ないですから。

馬居　長野かな，みたいな意見が飛び交ったりして。

無藤　そうそう。

馬居　そういう構造論が過去にあって，「社会に開かれた教育課程」，「カリキュラム・マネジメント」，「アクティブ・ラーニング」と，この流れが頭の中に知識が構造化していくためのプロセスとして。

無藤　そうですね，授業はプロセスなので，しょせん，授業も，子どもの学習も，リニア（線形）なんですね。一度には入らない。順番にやるしかない。これが人間の学習の非常な特徴ですよね。知識は空間的，構造的ですが，学ぶ通路は狭い。しかも，時間軸に並んでいるので，一度に消化できない。順番にやるしかないんですね。

教える方もそうです。一度に喋れないわけで，全容を話すことはできないから，順番にやるしかないですよね。だから，学習というのは，例えばある絵を子どもに示すわけですが，子どもの持っている目は極めて小さいスポットライトですよね。限られた視野で部分的に見ているわけですので，全容把握ができないですね。では，遠くに下がって見ればいいのかというと，下がると，遠くから何となく全体がぼんやりとは分かりますが，今度は細かい模様は見えない

ので，しょせんスポットライトですね。そこで，スポットライトをどう繋ぐかという作業が必要になる。これが構造化の問題ですが，「学びの地図」で全容を示すというのも，一つの手立てとしてはあります。何度も強調しているように，順番に入ってくるものを，その生徒なりに繋ぐ努力をしましょうと，先生も繋ぐように指導しましょうと，こういうことになるわけですね。

「アクティブ」とは何か？

馬居 そのミニマムな過程みたいな部分が，アクティブの主体，対話，深い学びということですね。
無藤 そうですね。そういうことになるわけです。
馬居 これは，いわば実際に子どもの中で起こっていることなのですね。
無藤 そう。実際に子どもの中で起こっているところを言っていて，そこに向けて教師が指導しましょうと，それを「アクティブ」と言う。だから，子どもが情報を仕入れて，自分なりに脳の回線を繋ぐ作業がアクティブなんですね。
馬居 アクティブというのは，子どもにとってのアクティブですか。
無藤 子どもがね。
馬居 先生は，それを…。
無藤 子どもの姿勢をアクティブと言う。そのために，アクティブ・ラーニングという「三つの学び」にしていて，そこを狙って教師は指導しましょうということです。
馬居 その三つの側面というのは，実際の授業の展開過程でみれば，場面場面で全部変わってくるということになりますか。

第1章　学校教育の存在理由を問う―学習指導要領改訂の背景―

馬居政幸先生

無藤　それはそうですね。
馬居　よく活動を中心に考えがちですが，必ずしもそうではないということですか。
無藤　そうです。つまり，話が先に行きますが，アクティブ・ラーニングで言っている「三つの学び」というのは，「指導過程の改善」と言っています。つまり「子どもたちが脳の回線を繋ぐためには，アクティブ（能動的）な学びを頻繁にやらなければならない」と言っているのですが，同時に情報が提供され，知識を身につける過程は，基本的にはパッシブ（受動的）なんです。情報が提供されているんです。

　学校教育というのは，100％アクティブにはならない。教室にいること自体がパッシブなんです。たくさんの情報が提供され，説明

が提供されて理解していくわけです。だから，そういう意味ではパッシブなんですが，同時にそれが本当に子どもの脳の中に入って，脳の回線を繋ぐためには，アクティブな関わり方なんです。だから，パッシブであり，アクティブなんです。その組み合わせで。先生としては，上手な説明の仕方や提示の仕方ももちろん工夫するのですが，子どもの学ぶ姿勢をアクティブにするということを何カ所かでやらないと，子どもの身に付かない，そういうことを言っています。

馬居 言い換えれば，そういう条件を整えるのがカリキュラム・マネジメントということになるのでしょうか。

無藤 そうですね。「アクティブな学び」と呼んでいるのは，本当に授業の一コマ一コマ単元を見ているのではないけれども，それを実現する条件があるわけで，それを学校全体でどう作っていくかということがカリキュラムの話なんですね。そうすると，この単元は重要なので時間をかけようとか，教師1人と教科書だけでは無理なので，外に出て体験しようとか，補助教材を使おうとか，地域人材に入ってもらおうとか，色々な組み合わせを考えていくということが，カリキュラム・マネジメントです。

　だから，指導の細かい一コマ一コマの部分，子どもの学びの一コマの部分に注目すれば，アクティブな学びを実現することになりますが，学校全体で言えば，そこにメリハリをつけていかなければならないわけです。均一にどこもアクティブにしようということではなく，様々な資源と呼んでいますが，それを集約的にやる部分とか，ある程度先生が説明をして済む部分とか，教科書どおりにやればいい部分とか，実際に子どもたちに試させて考えさせる，工夫させる部分とか，色々な組み合わせの中で1年間やっていくという形。

　実はもう一つ本当は言わなければならないのは，学校教育というのは，狭義の学力を超えて人格の完成と言いますね。知育・徳育・体育等々が教育基本法に明記されているわけです。つまり，日本の

学校というのは，かなり広い目標を持ってやっているんですね。そうすると，例えば生徒の社会性を育てるとか，色々なことを考えながらやっていくというから，そういうことまで考えると，もちろん授業が中心でもあって，授業で子どもがしっかり学んでほしいのですが，それが100％ではないのです。休み時間に楽しく遊ぶことも必要だし，生徒会活動をすることも必要だという，全体の中でやっている。すると，学校としては，そこにどういう，言うなれば資源を配分していくかということになるんですね。具体的には，先生の時間をどこでどう使うかとか，この辺は管理職がやるんだとか，ここは地域人材に少し入ってもらってやろうとか，ここは保護者に理解してもらって行事を減らそうとか，そういうことまで含めてカリキュラム・マネジメントということになります。

馬居 そういう場合に，どのように配分するかを判断する基準になるのが，「社会に開かれた教育課程」ということですか。

無藤 そうですね。だから，もちろん判断基準の基本は学習指導要領が提供しているのですが，各学校としては，自分たちが育てるべき事柄は何なのか，そこで子どもたちに身につけさせたい資質・能力と，そのための手だては何なのかということをもう一度見ながら，見直しながら，自分の学校の中のこととともに，保護者や地域との相談事が入ってきますし，この子どもたちが小学校なり中学校，高校へ行き，社会に出ていくという将来像を，小学校は小学校なりに見通しながら考える必要があります。

第2章
「社会に開かれた教育課程」
―未来軸・社会軸・主体軸―

> これからは学校の存在意義が問われる時代になります。教育課程はより社会に開かれたものとして構想することが求められます。その中心には「子どもたちがいつ，どこで，どのように生きていくか」という問いかけがあります。そのとき「未来」「社会」「主体」という三種の軸が必要になります。

▶▶▶ 構　成
1. 未来軸
2. 社会軸
3. 主体軸
4. 「社会に開かれた教育課程」の主体は学校
5. 最低基準としての学習指導要領

1 未来軸

馬居　よくわかりました。「審議のまとめ」には，今伺った生涯学習や将来の見通しを立てるといったことについて具体的に書いているわけではありませんが，そういうことなんですね。

無藤　そうですね。これからの，というのはね。そのためには，「とにかく学校でできることをやりましょう」ということになるわけですが，そこでまず押さえるのが「社会に開かれた教育課程」ということになるわけです。

　これは，「未来軸」と「社会軸」と「主体軸」というふうに考えると分かりやすいと思います。未来軸というのは将来像です。先ほどから説明しているようなところに向けて，卒業し，生きていく子どもたちですから，その将来像というものの中で考えなければいけない。将来を代表する人はいないのだから，誰もが将来像を考えるしかありませんが，そういうものを一緒に考えながら，学校教育はどこを受け持つかを考える。

　将来像と言うと，時々「企業の注文に応じる人材育成か」と言う人がおりますが，そうではないわけで，企業を含めて将来像を担う全ての人ですから，そういう中でどうするかですよね。私が一つ思うのは，アジアやアフリカには日本以上に辛い状況はいくらでもあるわけですが，それに対して尽くしていく人材が増えていますけれども，もっともっとやった方がいいと思います。例えば，日本社会がどう生きていくのかという中で，そういうのも将来像ですよね。そういう将来像という未来軸をまず考えていこうということですね。子どもたちは未来を生きるわけで，その未来をどうやって今に落と

し込むかが教育ですよね。これが一つだと思うんですね。

　したがって，未来軸と呼んでいるのは，将来社会，未来社会です。その中に生きる子どもたちの在り方，将来像というものを考えていくわけです。直接的には，小学校なら小学校の卒業時点ですが，それが中学，高校と，大部分の子は，高校なりそれに相当する学校に行くので，18歳が一つの区切り目となりますが，そこから大学なり社会ということで，最終的には社会で活躍するという中で，子どもたちに，学校で学んだことを生かすだけではなくて，学び続けていく存在になってほしい。そのためには，今，何をしなければならないか，ということで考えるということです。

　さらに2030年，または10年後，20年後。今，10歳の子どもにとって，10年後は働いてますよね。15年後は25歳。そういう中での日本社会，さらに，その時代に日本人として本当に世界の色々な所で活動するでしょうし，日本社会自体が多分，国際化，グローバル化して，色々な人と仕事をする時代でしょうから，そういうことを見据えながら，では，今，何が必要ですか，という，そういう未来軸のもとで考えていく。

2 社会軸

　もう一つは社会軸ですが，現在の社会軸は，学校という空間と，その外側に家庭，社会，地域があるわけです。特にインターネットの普及によって，社会軸というのは，学校があり，家庭があり，子どもたちが暮らす地域社会とともにもっと広い社会，情報化された社会があるわけです。それはもう同心円ではなく，年齢とともに同

心円の外に出るという世界でもなく，もう一緒くたになってしまっているわけです。

そういう中で学校のやることは，つまり，学校というパートは何を受け持つかということを考えなければいけないわけですね。再定義していかなければいけない。学校はもう完成体ではないのです。「では学校がやるべきことは何？」という問いかけに，例えば，よく小学校で，「基礎学力なんだから，極端に言えば読み・書き・算を教えることなんだよ」と答える人がいますよね。あれは破綻している論理です。なぜかと言えば「読み・書き・算」ができるだけなら，半分の子どもたちは塾で教わっているのだから要らない。あんなことを言うなら，小学校三年生ぐらいでテストをして，それをクリアした子は「もう学校に来なくていいよ」とするべきです。「塾のお金を出してあげるから，好きな所に行って勉強して」でいいわけですね。

だから，明らかに学校でこんなに長い時間拘束して，給食も出して，行事までやってという，この学校というものが，歴史的，文化的につくられてきたものだけれども，それを改めて再定義し，再ミッション，「学校というものが持っているミッションは何？」ということを定義しなければいけないですよね。もちろん，そのためには保護者とか地域社会，色々な人と交流しながら作っていかなければいけない。これはもちろん，日本全体は文科省の方で作っているし，都道府県教育委員会や市町村教育委員会，各学校がありという，

何重にもあるから，個別の学校で全て自由に作れませんのでそうすっきりとはいきませんが，でも，そういうことをやって，それぞれの段階でメリハリをつけていくしかないわけですね。
　後でまた話しますが，今回は見方・考え方というのを押し出しながら，道徳も特別活動も総合も割と新しく，何をするか作り直しているわけですね。従来のやり方と少し違う部分を結構出してきていますが，その中身の良し悪しではなくて，いわばそれぞれのミッションを再定義している。この考え方は，大学ではもう数年前から行っています。入学の時に何を持って，卒業の時にはこういうふうに送り出し，カリキュラムはこういうふうにするということと，発想は同じです。各学校のミッションをどう出すかということです。つまり，それを考えようということです。

馬居 なるほど。だんだん分かってきました。

無藤 そうなってくると，余計に，今，学校教育としてやるべき事柄が，指導要領，教科書にあるからというだけではなくて，保護者の要望や理解，あるいは，自分の子どもだけでなく，自分の孫だけではなく，地域の人材，より広く言えば，日本の人材として育っていく子どもたちへの期待を多くの人が持っているので，要望を持っている方と相談しながらどう作っていくかということを考えなければならない。要望がある以上は，手伝ってもらうという関係を作っていかなければならないわけです。

馬居 それが空間ということになるわけですね。

無藤 空間になります。地域社会との関係です。

馬居 先の未来軸に対して，広がりという意味での社会軸ですね。

無藤 そうですね。その中で最終的に育つべきものは子ども自身だから，子どもにも，ある意味では覚悟を持ってもらう。しっかり将来社会を自分が生きるんだという覚悟と言ってもいいし，希望ですよね。より良く生きたいという子どもたちの希望を育てながら，そのため

には，君はどうするのかと。別に具体的にこういう職に就きたいということでなくていいと思うのですが，将来像を自分なりに育てながら，今学ぶべきことを学んでいくというふうになってほしいし，本当に教える側にとっても，10年後，20年後の姿，社会ですから，見えないわけですね。今，誰もが「15年後は日本社会がこうなので，今，これをやっておくとといいよ」とは言えないわけで，せいぜい「まあ，英語は必要じゃないの？」とか，「日本語使えないと困るよね」ぐらいです。当たり前のことは言えるけど，それ以上は分かりません。

3 主体軸

無藤 三番目の主体軸というのは，子ども自身がそこを生きていくわけだから，最終的には子ども自身，一人ひとりの子どもが力を持って，自分の人生を生きながら新しい日本の社会を，グローバルな社会を作っていくということです。

すると，「社会に開かれた教育課程」というのは，それぞれの単位において将来像を見通しながら，どういう社会にしていくかということ。それを見通しながら，そこで今求められるものは何かを考えること。それらとともに，社会軸として，その家庭，地域，場合によっては，もっと広い日本全体なり，グローバルな社会なりから求められるもの，あるいは逆にこちらから育成したいものは何かを考える中で，学校のミッションを規定し，その中で，具体的には，これからの成長を遂げていく子どもたちの力，そこを生き抜いていく子どもたちを育てる。以上のようなことになります。

当たり前ながら，学校だからその個々の子どもたちの力というものを育成することで，今言ったように，今の大きな社会とこれからの時代の中を子どもたちが旅していく，そのための装備を学校が与えているわけです。そうやって旅に送り出さなければいけない。いわば，そういうデザインを学校としてどうするかということが問われていると思います。

　そういう中で，義務教育で最低限，そこそこできなければいけないというぐらいのことはあるとしても，あるいはそれから先のことはよく分からないけれど，確実なのは，未知の社会ということなんだから，未知の世界の中で生き抜いていける力を持ってかかっていく，そういうメッセージなんですね。それが主体を形成するということになると思います。

馬居　言い換えると，何のために学ぶかを，自分で考えられる子どもに育てなければならないということですか。

無藤　そういうことになります。

馬居　教えるというよりは，先生が持っている子どもたちへのメッセージというような。

無藤　そうです。色々なメッセージを伝えなければならないとは思いますが，最後に，これから生きていくのは，あなた方一人ひとりなんだから，自分の覚悟のもとで，あるいは自分の生涯を生き抜く希望のもとで考えようね，ということです。

馬居　それは，敢えて言えば，今は苦しいけれど我慢すればかつてのような豊かな未来が待っているということではなくて，今よりも苦しい時代が来るかもしれないが，その中で生き抜いてほしいということですか。

無藤　そういうことではありません。「苦しくなるか，豊かになるか，どうなるか全く分からないけれども，様々な可能性があるわけで，人と協働するにしても，その中でとにかく一人ひとりが自分の力を

発揮してほしい。自分の力を発揮できることが自己実現の喜びであると同時に，社会をより良くしていくこと，世界全体をより良くしていくことにも繋がるのだから，そういうような希望と志を持って頑張れと。そのために，今，大人はいくらでもあなた方を助けるが，でも，生きていくのは君だよ」ということでいいのではないでしょうか。

「社会に開かれた教育課程」の主体は学校

馬居　改めて確認したいのですが，「社会に開かれた教育課程」というのは，主体は各学校ですか。

無藤　そうです。

馬居　各教員というところまではいかない。

無藤　各学校ですが，各学校の中身は教職員全員で，校長がリーダーシップを持つまとめ役ということです。

馬居　私が尊敬する教育研修所の所長さんから「子どもの将来を，教師が責任を取るということですね」と質問されましたが。

無藤　ある部分，そうです。

馬居　さすがにと思って，「できるできないは別として，そういう思いを持たなければいけないのではないですか」と答えたのですが。

無藤　そうですが，もちろん，先ほど言ったように分担なので，学校が100％の責任を持つこともできないし，持つ必要もない。むしろ，そうではなくて「学校の分担」と言ってもいいし，「ミッション」と言ってもいいのですが，それを明確にしていくということです。これは，実を言うと，裏返せば，「家庭でやることをやってくださ

い」という話なんです。「地域社会は地域社会，マスメディアはマスメディアでやることがある」ということです。「社会に開かれた」というのは，社会からの要望を受けるだけの話ではない。双方向的なことですから。そういう意味で，「分担」とか「ミッション」と言っています。

馬居　なるほど，これは大事なことですね。学校は子どもたちのことになるとどうしても責任を感じてしまうので。

無藤　やはり過剰な要求や，逆に，過剰に自分たちの責任を大きくしない方がいいとは思います。できない約束をしてもできないわけですから。そういう意味で，指導要領や学校の議論というのは，過去数十年，色々な揺れがあるわけですが，その一つは，学校のミッションを割と大きめに取るか，小さめに取るかです。基礎学力中心というのは小さめな発想だし，全人格的というのは大きめな発想です。

馬居　そうですね。この点も学校と教師は気を付けなければならないことですね。

無藤　もちろん，その間で揺らいでいるし，学校週5日制みたいな時でもかなり揺らぎがあったと思います。しかし，いずれにしても学校が限定的であることは当然で，分担的であるわけで，そこは外せないポイントですね。

馬居　なるほど。学校が担うべきことを家庭や地域社会の役割との対比で明確に，ということでしょうか。

無藤　でも，それを意識しながらミッションをやるということになる。もっと砕いて言えば，ミッションということは重点化するということです。子どもにしてあげたらいいことは無限にあると思います。しかし，ある部分の，例えば「こちらは家庭，地域に任せて，20個ぐらいは学校がやります」ということが第一のミッションのやり方ですが，そのうえでプライオリティー（優先順位）を付けるとか，小学校6年間の低・中・高で比重を分けるとか，様々な重点化をす

るわけです。

　だから，教育課程というのはそういう重点化の作業なのです。特に義務教育の場合，余計にそうだと思います。やる中身は基本的に決まっているわけで，ガラッと変えられないわけです。いくら学校に任せる部分があるとしても，指導要領の規定は最低基準としてやらなければならないわけです。そこを疑えばまた別の話ですが，取りあえずそれを認めてもらうとすれば，そのうえでの重点化です。

5 最低基準としての学習指導要領

無藤　学習指導要領が最低基準[1]であるということの重みは結構大きくて，あれは，一通りやっておけば余った時間は自由なんです。自由と言っても，勝手に関係ないことをやっても仕方がないから，そこは重点化なんです。最低基準をやるのに目いっぱいで，あっぷあっぷだったら最低基準を満たすことしかなくなってしまうのですが，それを越えてもう少し重点化することはできる。この辺は，教科書の取り扱い方で，主たる教材としての教科書というものがどの程度網羅的にやらねばならないのかについて，教科書使用義務はありますが，全部の単元を逐一教科書通りに行うということでなくてもよ

語句解説

[1] 最低基準：学習指導要領の法的拘束性と基準性の意。法令上は学校教育法施行規則第52条（小学校の場合）に「小学校の教育課程については…教育課程の基準として文部科学大臣が別に公示する小学校学習指導要領によるものとする」とされる。「学習指導要領」は昭和22年の創設時には「（試案）」とされていたが，昭和33年以降は官報告示によって示され法的拘束力を持つことになる。基準性については平成15年12月の学習指導要領の一部改正において「学習指導要領の基準性を踏まえた一層の充実」が図られ「学習指導要領に示しているすべての児童生徒に指導する内容等を確実に指導した上で，児童生徒の実態を踏まえ，学習指導要領に示していない内容を加えて指導するこができること」が明確化された。

いのですね。

馬居　そうですよね。だから「教科書を」ではなく「教科書で」という授業実践論があるわけですね。

無藤　学習指導要領に根拠があるわけで，学習指導要領をやればいいわけです。

馬居　なるほど，確かにそうですね。

無藤　現場でも，そこら辺は教育委員会の裁量如何によるわけで，つまり，1年間の教科書教材を一通りやって，でも，それに加えてどこかで補助教材を使うとしても，指導要領が最低基準である以上，別にいいんです。

　もう一つは，自主教材は学習指導要領と関係のない教材は使えません。関係を示しつつ，補助的に使えます。私，典型的には国語だと思いますが，国語は教科書に掲載されている教材ではなければならない必然性はありません。

馬居　全く同感です。

無藤　例えば「『大造じいさんとガン』は教材として色々便利だよ」というだけであって，他の適当な教材を持ってきても何の不都合はないという議論もあります。つまり「大造じいさんとガン」で扱っている，主人公の気持ちの変化を捉えている別の教材で一向に差し支えがないわけです。そういうことの保証さえあればいいのかもしれません。今すぐは無理でも少しずつそういう方向に進んでいくと思うんです。と言って，今，教科書教材を外しても指導要領との関連の保障を誰が責任を取るかは明瞭でないので，そうすぐにはできないのですが。

馬居　そうですね。指導要領に基づくのであれば，教材を新たに準備したり，より適切と判断した教材と差し替えるといったことを判断できる，あるいは見極められるのが各学校の力量ということですね。

無藤　力量だと思いますし，逆に，教育委員会によってはこの単元部分

をうちの地域の教材に替えるということもありとしていく方向もいずれ考えるべきでしょう。

馬居 　改めて確認ですが,「社会に開かれた教育課程」というのは,教育委員会は教育委員会のレベルで,学校は学校のレベルで,先生方は先生方のレベルであると考えていいですか。

無藤 　もちろん,そうです。

馬居 　それぞれのレベルでということですね。

無藤 　はい。

馬居 　言い換えれば,一つに決められたものとして,「これがそうだ」ということではないということですか。

無藤 　そのとおりです。「社会に開かれた」というのは,主体側から言えば,「教育課程を社会に開いていって作っていきましょうね」ということですから,その時のお相手は,それぞれの個別の教員か,学校か,教育委員会,市教委,県教委によって変わってきます。

馬居 　それぞれの段階で,ということですね。

無藤 　はい。

第3章
今と未来の社会に開く「学びの地図」を

> 「社会に開かれた教育課程」の中で，子どもたちが主体的・自覚的に学んでいく上で重要な役割を果たすのが「学びの地図」です。そこに求められるのは，学校段階を越えて，子どもたちの学びと育ちを見通す教師の力と，子どもたちの自発的な学びを生み出す豊かな教材を，工夫し，開発する教師の知恵です。

▶▶▶ 構　成
1. 子どもの学びと教師の指導の可視化と共有化を
2. 子どもたちの多様で質の高い学びを引き出す見取り図を
3. 主体的で自覚的な学びによる理解と感動を生む設計図を

1 子どもの学びと教師の指導の可視化と共有化を

馬居　同時に書かれていますが、目標を共有して外の人に手伝ってもらう、というような観点も含んでいますね。

無藤　含んでいます。そこは、指導要領としては具体的にそうは書かないと思います。それは各学校でやってもいいし、やらなくてもいいわけですが、地域学校協働本部を作る、コミュニティスクール[2]を作る中で、地域代表、保護者代表みたいな人たちに学校の教育目標や教育課程についての意見を採ることができます。

　　　教育課程というのはあくまで学校で作るもので、最終的責任者は校長なので、保護者や地域の意見は参考資料です。口は出せませんが、意見は聴取できますから、その辺について、今後、もっと真面目に意見を聞いた方がいいと思います。

馬居　学校運営協議会のような形での正式な仕組みがまだあるわけではないということですね。

無藤　協働本部の中に学校の教育目標や教育課程に関する話を入れればいいだけです。

馬居　そういうことも選択肢と考えられる、ということでよいですか。

無藤　そうです。だから、「学びの地図」などというのを突然入れたのはそういう意味もあるわけです。「子どもたちがどう学んでいくか、教師たちがどう指導するかということが見えるようにしていきまし

語句解説

[2] コミュニティスクール：地方教育行政の組織及び運営に関する法律第四十七条の五による学校運営協議会制度に基づく、教育委員会の指定により「学校運営協議会」が設置された学校。教育委員会から任命された保護者や地域住民などが一定の権限と責任をもって学校運営に参画する（文部科学省HPより）。

ょうね」と。そういうものを作るということです。今，自治体の教育委員会でそういう「学びの地図」のようなものを作り始めているところが出てきています。9年間のカリキュラムのようなものです。

馬居 その地図は，どういう人に渡すことになるのですか。

無藤 基本的には，まず教師たちです。特に小中一貫もありますから，（複数の学年で）共有できるように，中学三年の話を小一の担当の人に見てもらうといったようなものがあります。場合によっては，それに幼・保が入ります。今，こちらには高校が入っていませんが，もう一つは保護者です。それを保護者に見てもらい，保護者がどれぐらい分かるかは別として，学校がどのように指導を進めていくのかということを理解してもらいます。私が最近言ってるのは，「それを子どもにも見せろ」ということで，どこかに「学びの地図」というのを，「子どもにとっても」というのを入れたと思います。

馬居 なるほど。子どもたちに伝えるということは，やっているようでやっていないですね。

無藤 まあ，そういう方向ですね。

馬居 「まとめのポイント」の1頁には，「学校教育を通じて子どもたちが身に付けるべき資質・能力や学ぶべき内容などの全体像を分かりやすく見渡せる『学びの地図』」とありますが，これは単にこのようなものにしていきましょう，ということではなくて，学校そのものが「学びの地図」を作るという意味も含んでいるのですね。

無藤 そうですね。作るベース，中心は教育委員会だと思いますが，それでも各学校で手直しをしてもらうということです。だから「まとめのポイント」の一番下に下線があるんですが，「学習指導要領等が」とありますね。「子どもたちと教職員のみならず，家庭・地域，民間企業等を含めた関係者が幅広く共有し，活用することによって，学校や関係者の創意工夫のもと，子どもたちの多様で質の高い学びを引き出す」となっているわけです。

馬居　　なるほど。私が先ほど引用した文章の前段にあたる文章ですね。
無藤　　だから，先ほど言ったように，教職員と子どもと保護者，その他の人々が，「指導要領等」なので，指導要領を読んでもそう分かるものでもないので，それを砕いた，文字どおり，年表的地図みたいなもので，「学びって，こういうふうにするんだな」とか，「算数はこうなるんだな」とか，「算数の足し算って，将来，数学なんだな」とか，そういう流れを見せていく。

馬居　　実際に「学びの地図」を作るとなると大変でしょうね。とすると，作るのは，結局，教育委員会になりますか。
無藤　　そうです。が，それほど難しくありません。モデルは教科書会社が提供してくれるでしょう。
馬居　　なるほど。そうすると，教科書はこれと対応する形で変わるということですか。
無藤　　そうです。教科書の作り方というものが資質・能力の三つの柱を明確にするということが目標になります。あるいは三つの学びの言う指導課程の改善が分かるようにしていくなど，全体として，「学びの地図」としての機能を持つといったように。最近，私が言っているのは，「生活科の教科書は『学びの地図』だ」と。
馬居　　それなら理解できます。私も無藤先生と同じで，生活科の誕生期に生活科の教科書の編集委員でしたので。
無藤　　つまり，教科書を使わないという所も多いのですが，それは教科書で逐一これを説明しようと思えば，それは要らないだろうけれども，教科書を見ながら生活科の学びのイメージを作るということで，「あ，こういうことをやっていくんだ」と，子どもたち自身も，「これは幼稚園と違うぞ」と，「これから色々調べて考えるんだな」ということを示す。
馬居　　やっぱり，大事なのは子どもたちの側からの発想，視点ですね。
無藤　　そうです。

馬居　教科書は，本来，そういう役割だったはずですね。それを「学びの地図」という新たなコンセプトを用いて様々なレベルで具体的に進めていくという意味でとればいいのですか。

無藤　そうです。ここまではっきり書きましたから。

馬居　大分，見えてきました。この「開かれた教育課程」という観点は，これから進めるアクティブ・ラーニングやカリキュラム・マネジメントの話でも出てきますね。

2 子どもたちの多様で質の高い学びを引き出す見取り図を

無藤　学習指導要領の考え方を保護者，教職員に分かりやすく伝えるという意味では，その構成というものが示されるわけですが，そうすると，その基本は，何を学ぶかとか，どのように学ぶかということが，五つぐらいに分けてあります。その見出しのもとでそのポイントがあるということが，学校教育全体の見取り図になるわけです。

馬居　それは「審議のまとめ」の目次と関わってくるのですか。

無藤　総則のページです。審議のまとめにも同じ構想が反映しています。

総則の五つの柱

1　何ができるようになるか
2　何を学ぶか
3　どのように学ぶか，何が身に付いたか
4　子供の発達をどのように支援するか
5　実施するために何が必要か

無藤　　同時に、私は「『学びの地図』というものが子どもにとっても意味あるようにしよう」と言っていますが、その場合にはいくつか考えられて、小・中・高という全体でもいいし、小学校だけでもいいのですが、その中で、わが学校は子どもたちを卒業時点でどこまで育てるのかということを示しているとか、教育委員会で言うと、市町村教育委員会としての縄張りは幼・小・中までだから、例えば、小・中の9年間でこういう子どもを育てますと。大体どこも教育計画みたいなものを持っていますから、そういう中の分かりやすい見取り図というのを作っておく。

　さらに、もうちょっと下ろして、その分かりやすい見取り図の中に、資質・能力を中心として、こういうことの力を持つ子どもにしていきますと。そのために、色々な教科その他でこういうことに力を入れて指導しますと、そういう見取り図が要るわけです。

　さらに、今度、その下になると、例えば、算数・数学という教科の中では、9年間でこういう足し算の問題を色々としていきますよと。その時に、もう少し細かくやると、一種の樹木図のような図が出来上がってきます。足し算、引き算、掛け算、割り算や、文章題や、算数でやったことが代数になっていくと、こういう系列図が描けると。

馬居　　算数の木みたいになるわけですか。

無藤　　そうです。そういうものが9年間で描けるわけですが、それを通して、個別の知識だけではなくて、数学的なものの考え方が中心として育つんですね。それを砕けばこういうもので、9年間の見取り図が算数・数学として描けるわけです。今度は、もっと下ろしてくると、小学校5年生の1年間では、その全体としてこういうふうにしていくと。その「学びの地図」は、例えば、学級目標がありますよね。「元気な子、素直な子」のようなものですね。そういうものが、特活を中心とした指導の中で、広い目標の中に人格形成、各教

科になったら，特にこういうところを頑張るように指導していきますとか，同様に，算数の1年間はこういうふうにやっていきます。こういう単元とこういう単元があって，うまく育てます，という形で示される。

　その時に，例えば国語がいいと思いますが，「ここで『ごんぎつね』が出てきます」ではなく，その題材を通して，子どもの，物語をこういうふうに読み取る力を育てますとか，主人公の立場に立って筋を組み立てますとか，そういうことを目標レベルとして出していく。

　以上のように順番に下りてくると，次には，最終的な単位は単元だと思いますが，それを教師が出すとともに，今度は子どもと一緒に作る部分も出てくるわけです。算数では子どもと一緒に作る部分はあまりないと思いますが，総合などでは典型的に，地域や私たちの町づくりに役立つことを，1年間かけてやってみようとなった時に，では，何ができるかなと。大きな目標があって，そのためにこの時間に何をすると。その場合には，地図を作らなければいけません。だから，むしろ地図作り活動みたいのが入ってきますよね。

馬居　色々なレベルがあるということですね。

無藤　そうです。そういうことを考えながら，「まとめのポイント」で，「子どもたちと教職員のみならず，家庭・地域，民間企業等を含めた関係者」としたんです。「子どもたちが身につけるべき資質・能力や，学ぶべき内容の全体像を見渡せる」と「学びの地図」の役割も明らかにしました。ですから，ポイントは，一番大きな見取り図というのは，学校教育でこういう資質・能力を育てます，と示すことです。小学校や，もっと全体でという中で，そのためにはこういうことを指導していくと示すことです。それは，非常に大きな小・中学校9年間という単位でも示すことができますし，先ほど言ったように，1年間，1学期，単元ということにも示されるということ

になります。

　例えば，1年間の国語科の教育の中で，小学校5年生としては，こういうところまで持っていくような資質・能力を育てますと示す。そのために，具体的な内容としては，こういうものとこういうものをやっていきますと示すことになります。だから，私の予想及び希望としては，教科書会社にそれをかなり意識して作ってきてもらいたいと思います。

馬居　先ほどの話では，「まとめのポイント」の文脈に沿えば，主語は「学習指導要領等が」になりますか。

無藤　「等」を入れていますね。

馬居　はい。「等」が入るということは，どこまで入りますか。

無藤　何でも入りますよね。

馬居　「等」という文字によって想定しているのは何と考えればいいのでしょうか。

無藤　ここで考えているのは，例えば，小学校全体などです。

馬居　そういうことですか。

無藤　5年生全体とか，算数・数学としてとか，そういうぐらいの感じです。

馬居　学校としてでも，教育委員会としてでも。あるいは，このクラスは，などですか。

無藤　そうです。

3　主体的で自覚的な学びによる理解と感動を生む設計図を

馬居　要するに，「学びの地図」を作ることが大事だということになり

ますか。

無藤　そうです。つまり，子どもたちが主体的に学びますが，主体的で自覚的に学ぶと言うと分かりやすいと思います。子どもたち自身に，何を目指して学ぶかということを共有してもらおうと考えました。「よく分からないけど，とにかくこの物語を読んで理解しましょうね」ではなく，共感し，理解する。「『ごんぎつね』の話，面白かったな」ということは出発点ですが，それを通して，何を理解しようとしているか。

馬居　先に全体像を，それこそ，学びの見取り図みたいな部分ですか。

無藤　そうです。それを見せようと。親にも見せようと。

馬居　それは大変ですね。

無藤　大変なので，教科書会社が担当してね，と。

馬居　と同時に，子どもたちの評価よりも，教師に対する評価にかかわることになりますね。

無藤　当然そうなります。それはそうでしょう。「資質・能力の三つの柱をしっかり出しましょう」と言っているのは，小学校5年生の1年間であったり，小学校全体で本当に育ったのかということが問われるということです。

馬居　要するに，学校は前もって，この学年は，このクラスは，この単元はと，子どもや保護者に伝えるということですか。

無藤　そうです。

馬居　当然，それは教師一人ひとりが事前に知ることにもなる…，設計図を作るということですか。

無藤　そうです。

馬居　という考え方をここで出そうとしたわけですね。

無藤　はい。しかし，それは新しいかと言われれば，元々学校教育はそうです。学校教育は目標を持ってやっているわけで。ただ，それがあまり自覚されていなかったということです。

馬居	少なくとも，保護者のみなさんには出していないですよね。
無藤	特に親には出してないし，それから，子どもには隠してきました。
馬居	もっと出さない，といえますね。
無藤	隠していたという言い方も何だけど，それは一つの考え方ではありました。つまり，国語の文章教材で言えば，国語教育の色々な考えがありますが，大抵，例えば，「ごんぎつね」を読んで，面白かったなと思って，そのうえでもう一度よく考えてみようとなりますが，それは先に読んでたら駄目だよとか，何のための教材とか，それほど意識せずに素直に読みましょうねというところが大体入っていて，それは別に間違いではありませんが，多くの子にとって，何度も読む意味が分からないのではないかと思います。国語が好きな子と嫌いな子はその辺で分かれると思いますが，国語科という授業が馴染めない子にとって，たかだか10ページの物語に何時間かけるのかということです。一通り読んで，「ああ面白かったな，『ごんぎつね』かわいそうだったな」と思うではないですか。それで済んでいるから，どうして済んだ話を蒸し返すのかなって，多分，そう感じるんですよね。そうすると，どうすればいいかというと，その物語の読み取り方の指導をしながら，それを次に生かす。そうすると，次に読んだ時に，もちろん，素直に読みますが，同時に分析的にも読めるという二重の読み方をできるようにしていくのです。

　分析的に考えるやり方を育てると，小説を素直に読む，物語を素直に読む感性が失われるという反対意見もあり得ますが，国語教育の考え方はそうではないと思います。分析的な読み方によって読みが深まるという考え方です。それは，素直に読む感性を保ちながらも，分析的に読む理性的な在り方の両方で読解指導をするということです。このことは作文になるともっとはっきりしていて，子どもたちが，運動会やら何やらで感動した。それを書くのはいいのですが，今度は，分析的・統合的力とかスキルを持たないと書けないで

すよね。それは当たり前で，感動したことはかたまりとしてあるのだから，子どもたちの頭の中に，色々な感動的映像やら思いは浮かんでいると思いますが，みんなで頑張って涙を流して，「ああ良かったな」などと思っているでしょうけど，それを言葉で語るというのは，極めて冷静に分析しなければ駄目ですよね。その術をスキルとして持っていない限りは駄目なので，実は，学校教育というのは，感動であり感性であると同時に，理性，分析の組み合わせだと思うのです。特に国語教育はそうですよね。

　もう一つ言いたいのは，逆に，理科教育とか算数教育はもっと感動を出さないと駄目です。感動が足りない。感動と言ってもいいし，面白さと言ってもいい。算数・数学も，好きな人にとっては面白さとか感動があります。確かにいい先生の授業はそうだと思います。九九もただ暗記させる，もちろん，暗記，習熟させなければならないが，九九の表を出して，法則，規則性を見つけるような方法がよくありますね。そのような方法は，いい先生がやるとすごく面白いし，子どもたちは数の体系性みたいなものに気付いて，ああ，なるほどとなるのですが，ああいうなるほど感とか面白さというものを，算数・数学とか理科で出さなければいけない。

　例えば，中学の数学というと，うちの学生たちも，「何でやるか分かんない」と言う子が半分以上です。勉強ができる，できないではなくて，別に，成績は一応良かったけれど，何のためか分からない。できない子はもっとそうです。それに対してどうしたらいいかというのは，半分は，もっと将来に生かすとか，理科に生かすとかという理数総合みたいな考えや，色々な仕事に生きるんだよ，という，こういうキャリア教育的な発想や，総合でとか，科学技術で，ということはありますが，もう一方では，数学が好きな人は，そういうこととは関係なく面白く思っています。そこをどういうふうにしていくかということです。そこを上手にやっていけば，私などは，

嫌いではないので，数列などは面白いなと思います。色々な数列がありますが，あれは極めて簡潔にある方程式のような表現で書けるみたいなこととか。今でも覚えているのは，無理数を分数で証明する，有理数にするとか。習ったところは覚えています。

馬居 　私は理数系が苦手で，最初から諦めていたので，分かろうとしなかったのですが…。

無藤 　そういう面白さとか感動は，本当は数学に満ちている。

馬居 　無藤先生の話を伺ってはじめてそうなのか…という思いですね。

無藤 　そうすると，どう役立つかとか関係なく面白いでしょう。だから，一方で，理数系の教科については，むしろそういう側面を入れなければいけないし，結構両面だと思います。

第4章
カリキュラム・マネジメントとは

> 　理念としての「社会に開かれた教育課程」を教育実践として具体化する第一歩が，カリキュラム・マネジメントです。校長のリーダーシップのもと，管理職を含むすべての教職員が一体となった，学校が目指す子どもの学びと育ちの実現のための，最適なリソースの配分が求められます。

▶▶ 構　成
1. カリキュラム・マネジメントと教科の関係
2. カリキュラム・マネジメントのねらい
3. カリキュラム・マネジメントの必要性
4. カリキュラム・マネジメントと教科書の新たな役割

1 カリキュラム・マネジメントと教科の関係

無藤 次のポイントはカリキュラム・マネジメントです。結局,「社会に開かれた教育課程」とカリキュラム・マネジメントは密接に連動しますが,先ほど言った開かれた教育課程というのは理念レベルです。具体的には「では,1年間,小学校なら6年間という中でどういう指導をやっていくの?」という,まず基本を作る。それが教育課程です。

この時にどうやってその中身を良くしていくかということですが,これも,私風に整理すると,カリキュラムというのはそもそも時間的・空間的配置ですよね。空間的というのは内容配置だと思えばいいので,色々な内容がありますよと。一方で,カリキュラムは時間的に並べなければいけない領域。

馬居 順次性(シークエンス)と領域(スコープ)[3]という観点ですか。

無藤 そうですけれども。

馬居 時間的であれば,順次制・シークエンスの方ですね。

無藤 先ほどの流れで言うと,未来軸というのは子どもたちの学ぶルートですよね。それが未来軸ですよね。つまり,子どもたちを導いていく地図。

馬居 なるほど,ルート,道ですね。

無藤 「そういうとこでこういう方向に行くよ」ということで,先ほど,将来像という非常に大きな意味での未来軸だったわけですが,もっ

語句解説

[3] 順次性と領域:カリキュラム構成の基本的枠組み。「順次性」は子どもの年齢的発達の系列に沿った学習内容の時系列的配置を,「領域」は子どもに与えるべき経験の内容の領域の選択範囲を示す。

と小さい意味での未来軸が示されるわけです。一方で，その未来軸の中で内容的な社会軸というものが考えられるわけで，先ほどの「社会に開かれた教育課程」よりもう少し話が細かくなるのですが，それは，学校という一つのもので，学校教育という一撚(ひとよ)りのもので学んでいるわけではなくて，教育課程になると10ぐらいの教科等に分かれているわけですから，10本の線に，柱になるわけです。柱というか，線がある。だから，子どもたちはその道を歩いていくのですが，いわば10本の道が用意されていて，それぞれの道を平行移動していくというイメージになるわけです。その時に，「学校教育として10本の道があるけど，その間の繋がりを図ることを考えなければいけないでしょう」と。

馬居 教科横断的ということですね。

無藤 そうですね。それは内容的にも繋がるし，もう少しベースとなる学び方，学ぶ力みたいなことにも繋がるのではないか，物の考え方みたいなところで繋がるのではないかと。

馬居 横断的な繋がりというのは，教科の内容のレベルだけではないということですね。

無藤 これが，今回の改訂のもう一つの大きな目玉になっているわけです。

つまり，よく，「教科の系統性」と呼んでいるのは，そういうルートを並べて時間軸にしていくことです。「そこで順番に学んでいくと，おのずと最後はここに行きますよ」という道ですが，「その間の様々な横の繋がりがあるのではないか」と，「それをどう作っていくんだ」ということですね。そう考えてみると，教科によっては，その10本のルートを超えて外へ出て行きやすくなるわけで，それが総合と特活，そして道徳ですよね。算数，国語などは，比較的そのルートに乗ってやっていく教科ですが，それ以外の部分というのは，特別活動というのは学校生活というので，総合的な学習とい

うのは，恐らく地域の，あるいは社会という広い生活を対象にしているし，道徳というのは，道徳の時間だけではない，色々な場面における道徳的課題を取り出す時間ですから，質が違っているわけです。そういう意味で，10本というルートを乗せる学校という一番大きな道があるわけです。カリキュラムというのは，そこを考えていこうではないかというのが一つですね。目標面の検討です。そこで，時間と空間の配置の問題として改めて考えることができるということです。それが資源面ですね。

そのうえで，そこを生きていく子どもたちの主体があるわけですけれども，子どもたちの力をつけていくと。だから，それぞれの10本というのはジェットコースターで，電車にただ座って乗っていると自動的に進むものではないので，そうではなくて，子どもたちが自分の力で旅していくものとしてのルートなわけですね。だから，子どもたちの力は発揮させながら，力をつけていくべきルートとして想定されていると。そういう子どもの主体を育てるというのが真ん中にあるわけで，それをどうしていくか。そこに，「本当，うまくいってるの？」という意味でのPDCAサイクル[4]も出てくるし，子どもにどう任せながら子どもたちの学び方をアクティブにしていくかという問題も入ってくるということですね。それが改善面となります。

つまり，もう一度整理すると，教育課程というのは，先ほど言った学校のミッションというものをどう子どもたちに伝えていくかということですが，その時に，当たり前のことを先に一つ言っておくと，学校教育というものの最大の特徴は，一定時間子どもがいると

語句解説

[4] PDCAサイクル：PはPlan（目標の設定），DはDo（実行過程），CはCheck（成果の評価），AはAction（次の目標設定・活動）。ある目標設定から次の目標設定に至るまでの一連の評価プロセスを示す。

いうことですよね。このことは当たり前ですが，義務教育を中心としてすごく大事なことで，子どもたちは消えない。これは，塾を考えるとすぐ分かります。

馬居　法的な強制力ですね。

2 カリキュラム・マネジメントのねらい

無藤　強制力の問題で，しかも当てにできるわけです。水泳教室でもいいですが，水泳教室も本来のカリキュラムがあるから「週１回来てね」とか「３年来たらクロールできるよ」となりますが，実際問題として，来たり来なかったり，やめたり，できる子は先に進んだり，色々あるという想定の緩やかなカリキュラムしかないわけです。

　しかし学校教育というのは，とにかく，小学校なら６年間，中学なら３年，原則としてずっと居てくれることになっているわけです。だから，キチッとしたカリキュラムになるわけです。つまり，学校という場における10本のルートというのを順番に進んでいくということですが，実際には，学校教育のミッションは無事に最後まで送り届けることで終わるのではなくて，その過程を通じて子どもが力をつけるということによって意味があるわけです。だから，そのルートは障害物競走みたいなもので，わざと色々な障害を仕掛けていくわけです。

馬居　なるほど。分かりやすい例えですね。

無藤　で，「無事に最後まで来てね」と，「学校を卒業したらもっと色々あるけど，大丈夫。自分でやっていけるよ」みたいなことを言っているわけです。そうすると，「本当にそうなってるの」と，「子ども

たち，力ついてるの？」ってことを絶えず見ながら教育課程というものを直していかなければいけないということになります。

　その時に，リソース（資源）が必要です。教師一人でそれができるかと言ったらできないので，学校教育全体として教育委員会の手助けを受けながらやるのですが，さらに地域，その他を活用しながら，チームとして考えていきましょう，という，教師の，指導側の在り方というものに触れていくと。そういう構造なんだと思いますね。目標，改善，資源という3つの面からなるわけです。

馬居　このカリキュラム・マネジメントこそ，誰が行うことを想定しているのですか。

無藤　カリキュラム・マネジメントというのは，校長のリーダーシップのもとで，いわゆる管理職が中心となりながら全ての教職員が行うということですが，より具体的に言うと，ミドルリーダーです。ミドルリーダー育成というのはこれからの課題ですけれども，色々な主任レベルの人たち。

馬居　教務主任や研修主任が中心でしょうか。

無藤　そうです。そういう人が担う必要がありますね。

馬居　校務分掌の考え方を変えることが必要になるということになりますか。

無藤　そうですね。それはここだけの話ではありませんね。別の関係の話ですけど，そういうのも含めて。

　新任の1年生，最初に来た先生までが全体を考えるというのは無理でしょうけれども，でも，数年経てば，例えば，単元の時間配分ぐらいは考えるわけで，「この辺をもうちょっと長くしよう」とか，「ここを入れ替えてみよう」とか，「それが既にカリキュラム・マネジメントなんだよ」ということです。でも，「英語の時間，どうする？」みたいなのは，当然ながら学校全体で，トップが考えるしかありません。

馬居　これまでも教務主任が全学年の時間割を一つにまとめた表から個々の教師の事情によって時間を差し替えたりする作業はありましたね。

無藤　はい。

馬居　それも含めて質を上げていくということなのですか。

無藤　そうですね。だから，カリキュラム・マネジメントというのは，全然別なモデルを使うと，子どもたちが学校に入ってきて，一定の力を持って学校から送り出すための，この真ん中の学校部分におけるリソースの配分の問題ですから，どのぐらいリソースを取り込めるか，どう配分していくか。だから，マネジメントというのは，先ほど言ったように，常に重点化というふうになっていきますよね。

3 カリキュラム・マネジメントの必要性

馬居　改めて伺いますが，「教育課程を組む」というのはこれまでもよく言われていました。それをわざわざ「カリキュラム・マネジメント」という形で片仮名で言い換えるということは，やはり，概念として新しいもの，これまでにない実践を要求するということになるわけですね。

無藤　そうですね。「学級経営」と言っても悪くありませんが，落ちこぼれる部分が結構あるんですね。授業時間をどうするかは特定の学級の問題でもない。といって，学校経営というと全体だけの話になりますが，個別の小さいことも全部含めてということなので，別の言い方をすれば，個別の教師にとっては，今，目の前の子どもを指導する。そのために教材を準備するという部分と，それを含めて，

それを年間でどう位置付けるのかということですし,「小学校なら小学校の6年間,小・中9年間の中でどう意味を持つのかってことも考えてみようよ」ということですよね。

馬居　そうすると,教育課程というか,元々決まっているかの如く年間単元計画（の策定）が繰り返されてきましたが,生活科が新設された時には,まず生活科マップを作って活動を考えようとか,子どもたちと何をしようとかというところから始めました。教科によって状況は違うと思いますが,基本的には,自分が受け持った子どもたちと,この1年間どういうふうに学んでいこうか,みたいなところから出発しようということですか。

無藤　必ずしもそうではないと思います。総合はそれが多いと思うし,それは科目によると思うんですよね。でも,算数なんかだったら,このぐらいのことは教えなければいけないというのが当然ありますし,実は生活科だって,「二年の終わりぐらいには,こういう子どもたちの姿を実現したい」という教師の思いがあるはずなので,今の状況だけではないと思います。だから,教科などによって作り方は違いますが,共通に言えるのは,今の子どもたちの現状と,1年,2年という中で子どもたちが育っていくその姿を捉えながら考えていく。そして,自分たちに許されたリソースを自覚化するということですよね。その辺に,例えば,教科書教材を全て時間を含めてその通りにやるのでもいいと思いますが,教科書の用意する単元を進めるとして,教科書会社が配分した時間を守る理由はないですね。

馬居　なるほど。ここは大事ですね。教科書の単元構成や時間配分の用い方が課題になるわけですね。

無藤　あれは,本当に目途ですから。「これ10時間かな」と,非常にアバウトに考えていて,一応,ページ割りはそれでやっていますからそうではありますが,つまり,各単元の持っている狙い・目標を満たすのにこの程度は要るということで作ってあるだけのことですよ

ね。だから，実はもっと自覚的に配分を変えて，全然構わないわけですね。それは，優れた先生がそうしているわけです。あるいは逆に，優れてない先生が長くなっちゃって，「あ，やばい」で，次に短くしたりしていますが，つまり，そういうことを自覚化するようにするということがもっと求められると思いますね。

馬居 　言い換えれば，今まで先生方が工夫してきた部分を整理して，質の高いものにしていくということですね。

無藤 　そうですね。

馬居 　新しく何かをしようということではない。

無藤 　そういうことではありませんが，ただ，展望を広げるというのは，例えば，「小学校低学年の時に幼保との繋がりを考えよう」とか，「小学校高学年で中学との関係」などと言っていますよね。

馬居 　なるほど。実質的に新たな領域に挑まなければならない，ということですね。

無藤 　ああいう話というのは，ちょっと視野を広げていかないと難しいですよね。「今，5年生で教科書単元がこうなっているんだから，私はこうやって，別に何がいけないの？」と。いけなくはありませんが，その子たちが中学に行き，3年生になり，さらに先に行くよということを頭に置きながら考えた時に，今のこの単元の教え方が変わるかもしれない，変わらないかもしれないということが，今，非常に強調されるようになった。それが未来軸があるということですよね。

馬居 　そうすると，やっぱり開かれた教育課程とリンクしているわけですね。

無藤 　そうですね。

馬居 　ここでも言い換えれば，「社会に開かれた教育課程」というのはカリキュラム・マネジメントを必要とするということですね。

無藤 　そういうことだと思うんですよね。

4 カリキュラム・マネジメントと教科書の新たな役割

馬居　そうすると，おのずと教科書もそういうことを配慮したものにしていかなければならないということですね。

無藤　と思いますね。教科書会社も考えるとは思います。各単元というものが，ここで学んだことが，これまでの何を受けてきて，これからどこに行くのかという流れを示すということと，ここで学んだことの中に，色々な考え方で他教科などに応用できる部分があるとしたら，それは何かをはっきりさせていくとか。

　もう一つ，ここには書いていませんが，「何とか教育」の類いがあるんですね。環境教育とか，金融教育とか，何かたくさんあるでしょう。

馬居　「〇〇教育」って，いっぱいありますね。

無藤　「ああいうものもタグ付けしよう」と言っていて，私が言っているアイデアは割と簡単なもので，今の教科書の教材はそのままに，あちこちに環境教育マークを入れたりするんです。

馬居　タグ付けですか。面白い表現ですね。よく分かります。

無藤　これは，電子教科書になると一発で可能なんですよね。電子教科書があれば，環境教育マークをポンと押すと環境教育教科書が目の前に出てくる。

馬居　なるほど，そういうことですか。見えてきました。

無藤　国語，社会，理科，家庭科みたいな。「あ，これが繋がってるんだ」と。

馬居　気づいた子どもたちは喜ぶでしょうね。よく分かります。

無藤　これは割と大事で，なぜかというと，国語の教材でも，地球環境

がどうとか，環境教育に関わるものがあるわけです。しかし，先生が余程言わないと，教科が違うと大抵思い出さないですね。先生の方も，「あれは国語だったし」みたいになってしまう。

馬居　そうなると，先生も楽しくなりますね。

無藤　あるいは4年生になって学ぶ時，「ほら，2年生の生活科であれをやったじゃない？」みたいなことがあったりとか，色々な繋ぎ方があったりすると。「それをできるようにしようね」と言っています。

馬居　このようなことを学習指導要領に書き込むわけではなくてですか。

無藤　指導要領の話というよりは，教科書の作り方として考えています。

馬居　タグをつける項目がいくつあるかとか，どういう内容があるかということは明記するのですか。

無藤　それをどこに書くかはまだ決まっていませんが，総則に書くかどうかはちょっと分かりません。

馬居　これまで現代的課題という枠組みで色々出てましたが，そういったことでしょうか。

無藤　そうです。

馬居　そうすると，かつて総合的な学習の時間の内容例のような形式で総則に記入するという可能性はありますか。

無藤　そうですね。ESD（持続可能な開発のための教育）[5]はもう入れることになりましたし，それ以外…。

馬居　食育とか。

無藤　食育は入るでしょうね。でも，例えば，法教育とか金銭教育は入るか入らないか，総則になるか。法教育などは社会科で済む，とか。

語句解説

[5] ESD：Education for Sustainable Development.「持続可能な開発」とは「将来の世代の欲求を満たしつつ，現在の世代の欲求も満足させるような開発」とされる。（日本ユネスコ国内委員会2016「ESD（持続可能な開発のための教育）推進の手引（初版）」より）

馬居　　なるほど。それは各教科書で意識してタグを付けるということになるわけですね。

無藤　　なると思います。

馬居　　そうすると，当たり前のことですが，一つの学校に，複数の教科書会社が，教科ごとに，教科書を提供しますよね。それでも，タグ付けのようなことは共有しているということになるのですか。

無藤　　今出ているのは，学習指導要領の方に番号化しておいて，それを教科書というか，指導書でしょうけど，一覧表を作ってもらうと。そうすると，教科書教材が色々並んでいますが，それぞれが「学習指導要領のここの部分を受けています」とか，「ここと繋がっています」とか，そういう形を作っていって，そうすると，先ほど言ったように，もし教材を補助的に用いるならば，「この繋がりを保つような教材にしなさいね」となるので，それはどうかなと。

馬居　　そうですか。もしかしたら，今回のカリキュラム・マネジメントやアクティブ・ラーニンは，そのおおもとの「社会に開かれた教育課程」も，電子教材ならばかなりリアルに想定できる，ということになりそうですね。

無藤　　そうですね。

第5章
資質・能力の三つの柱と教科の「見方・考え方」

　今回の学習指導要領のねらいは，資質・能力の三つの柱を各教科それぞれの実践において育てていくことにあります。個々の知識が，様々なつながりの中に意味づけられることよって，子どもたちの学びに向かう意欲が育まれ，教科横断的な知識の習得の中で，子どものアクティブな学びが期待されます。

▶▶▶ 構　成
1. 資質・能力と教科の関係
2. 知識の構造化と学力の再定義
3. 知識と理解と思考の繋がり
4. 学ぶ主体にとっての学ぶ意味とは
5. 教科の持つ豊かな知恵が学校教育の根幹
6. 教科における「〜的見方・考え方」とは
7. 知識の汎用性の新たな定義
8. 教科横断的な単元の開発を
9. 学び手をよりアクティブに

1 資質・能力と教科の関係

無藤　それでは，資質・能力の三つの柱というところですが，なぜ資質・能力かということと，なぜその三つの柱かということだと思います。資質・能力と呼んでいる時に何を言おうとしているかというと，二つのことがあると思います。

　一つは，従来の教科，先ほど言ったように10のルートがあるとして，さらにその基があるはずだということです。それらが共通にしている子どもたちの力というものがあるのではないか。それは1個とは限らないにしても，10の教科ごとではないだろう。もう少し整理できるはずです。教科というものの特殊性があるので，教科ごとの特殊な，それ自体の独自性はもちろんあるわけですが，それを超えた部分というものがもうちょっとある。それは単純に，全ての横断的学力，思考力があって各教科があるというものでは多分ないんですが，もう少し抽象的には共通部分が想定できるでしょう。むしろ，そういう抽象的な資質能力という枠の中で改めて各教科でやろうとしていることを位置付け直す必要があるということですね。そのことによって，一つは，各教科同士の繋がりをもうちょっと見えやすくするということです。加えて先ほど言ったように，未来軸という時に，いったい，今学んでいることが以前のこれを受け，これからのこれに向かっていくという大きな流れというのを考えていく時に，教科の個別内容ももちろんありますが，それだけではなく，その基にある力とか考え方というものにもう少し注目すべきではないかということです。

　例えば，理科で天文について，月と太陽，地球みたいな話が小学

校に出てきて，中学に出てくるという時に，当然，内容的に繋がっていますよね。それは誰にとっても分かりやすいことですが，では，それだけの話かとなると，それは宇宙というものの在り方そのものをもっと見定める考え方としてあるわけです。例えば，力というのを考えた時の重力というものの位置付けが，天文に関わってくるとか，地震というものを通して災害の問題に関わるとか，様々に広がっていく知識でもあるわけです。

　あるいは全然違う例を挙げると，生活科とか総合（的な学習の時間）で「川の汚れ」というのが出てきますよね。近所の川の汚れという話がね。いつだったか見た総合の授業で，小学校5年生の子が，たまたま川が多い地域の小学校で。三つぐらい川があるんですけれども，そうしたら，どの川がきれいかというところで面白かったんです。子どもたちが「非常にきれい」と言っている川があって，それから，「汚い」と言っている川があるのですが，「きれい」と言っているのは，実は生き物が何も住んでいないんです。コンクリートになっていて，ああいうふうにすると藻が生えないというのと，それから，一部汚水が入ってるんだと思うんです。だから，透明という意味では「きれい」ですが，実は，こここそが汚いみたいなことです。子どもたちが「汚い」と言ったのは，泥が下にあって，水草が生えていて，実は，ザリガニがそこにたくさんいるわけです。それで，どちらが「きれい」「汚い」という議論をして，子どもたちから色々な意見が出ますよね。その後，市の水質検査をする人に学校に来てもらって，試薬で検査してくれると…。

馬居　子どもの新たな気づきを引き出す授業構成ですが，これがどのように…。

無藤　「きれい」というやつが，子どもたちが思っていたのと違うことになったんですね。そういう話です。それで，「ああ，なるほどな」みたいな話で終わるんですが，この話が本当に生きるのは，実は中

学の理科で，水溶液とか，化学の話ですね。要するに，アルカリ性，酸性とか，化合物とかという概念がないと無理ですよね。だから，そういうのは，従来は縦の繋がりをあまり考えていないのですが，例えば，そういうこととか，ましてや，先ほどから言っている「社会に開かれた教育課程」で言っているような，18歳，さらに社会で活躍する時に，どういう力が役に立つかみたいなところだと，世の中に出た時に，教科ごとに問題が整理されてはいないわけです。

馬居　なるほど，分かりました。教科横断の前に教科自体の繋がりの整理が必要で，それも社会に出た後も射程において，ということですね。

無藤　「料理がどうなの。おいしくないよね」，「年取ったし，もっと健康的にしてよね」というのは，家庭科かと言えば家庭科ですが，理科といえば理科だし，社会科でもあるし。「そういういい食材，どこで手に入れるの？」みたいなことだったりね。それから，値段を考えたら算数だということになるわけで，あるいはそのどれでもない新しいことでもある。

　だから，10のルートというのは，あくまで学校の中の学び方としてのことで，それは，それぞれの教科の独自性があるという意味では本質的だけど，同時に便宜的なものでもあるわけです。子どもたちが身につける力というのは，それらがミックスされているという部分がたくさんあるわけですね。

　実際，例えば，今度，高校の科目で「理数総合」をやりますが，あれは理科と数学をミックスさせるという話です。当然，色々なところで，そういうミックスはあり得ると思います。そのミックスというのを考えた時に，色々な教科等というのがもう少し少ない部分の力として整理できるかということで，この資質・能力というものを考えている。そうすると，その資質・能力というものの整理では，実は国際的には，色々なものが提言されています。それが「21世紀

型学力」などと呼ばれて，整理されているわけです。今回は，わが国として，一つは，学校教育法で定める学力の分け方，つまり，知識・技能と思考力・判断力・表現力等と主体的に学習に取り組む態度というもの，これを使ってもいいのではないか。これをなぜ使うかといえば，結局「21世紀型学力[6]」と呼ばれているようなものを，別なところで整理していますけれども，そういうものも，これに近い，似たような部類に大体なってきています。

言い換えれば，かなり知的な部分と情意的な部分ということになるし，知的なものについては，知識の部分とそれを使って考える部分になっているわけです。これは，最近の学力などの捉え方としても妥当だろうと思いますし，法的な流れの中でも使えるということになりました。

しかし，学力の要素というものは，学校教育で育てるべき力とはイコールではないので，改めて各教科などにおいてどういうふうに育てるか，何を育てるかと考えた時に，基本的な知識・技能と思考力等と主体的に学習する態度というものは残していますけれども，それを少し作り変えたわけです。

___

語句解説

[6] 21世紀型学力：21世紀型能力とも言う。「生きる力」としての知・徳・体を構成する資質・能力から，教科・領域横断的に学習することが求められる能力を資質・能力として抽出し，これまで日本の学校教育が培ってきた資質・能力を踏まえつつ，それらを「基礎」「思考」「実践」の観点で再構成した日本型資質・能力の枠組み。（国立教育政策研究所2013「社会の変化に対応する資質や能力を育成する教育課程編成の基本原理」より）

2 知識の構造化と学力の再定義

馬居 それがこの図ですね。

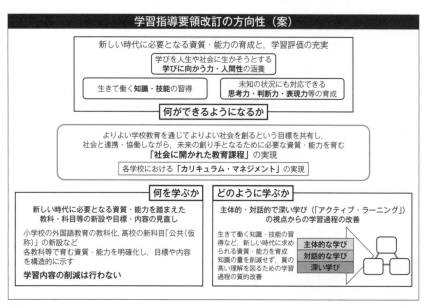

無藤 そうです。まず、「知識・技能」の部分です。この「生きて働く」知識・技能です。これは学力の3要素から来てはいますが、大事な一つのポイントは、「個別の」ということを落としたところです。単に「知識・技能」と書いています。しかも、それを分かりやすく言うと、「何を理解しているか。何ができるか」と書いてありますから、何ができるかというのは、実際のスキルを身につけてということですが、「理解」と言っているわけですね。そうすると、ここで言う知識というのは、理解を構成するものとして考えるというこ

とになります。

　では理解とは何だと言えば、「どうしてか」ということが分かることですよね。だから、例えば、明治維新、明治元年、1868年と覚えるということは、まさに個別的な知識ですが、それを覚えたからといって理解とは言わないわけで、理解は明治維新の意義ですよね。明治維新の意義というのは、例えば、江戸時代という封建国家と明治の近代国家の差異を知ることや、それがなぜ転換可能だったかという歴史的経緯を知ることだとすれば、いくつかのポイントを押さえて、それを構造化し、概念化していかなければいけないわけですね。

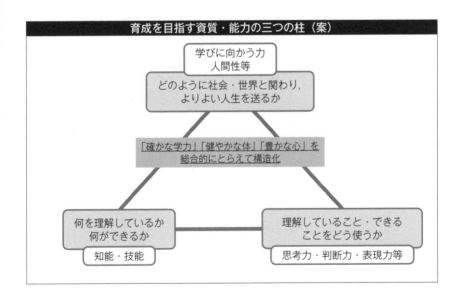

無藤　　構造化というのは、色々なものの知識を繋いでいくことですし、概念化というのは、その中で中心となる概念によって説明していくことですが、そういうようなものとして、この「知識・技能」というものを考えるようになった。「技能」の話はあまり書いていませ

んが,「技能」も,実は個別の技能ではなく,それが関連づけられなければ使えません。

　例えば跳び箱一つだって,一生懸命,手の突き方だけをひたすら練習しても跳べないわけです。跳び箱というのは,どちらかというとタイミングですね。突き方が悪いからではない。走り方と突き方と跳び上がり方を別にやると,跳び箱を跳べたりしないんです。そうではなくて,あれは低い段で,タイミングというのはコーディネーションですけど,それを身につけると跳べるようになって,高い段に行く。コーディネーションとは,指導の上手な先生の指導を見ると分かりますが,子どもが頑張らない方がいいですよね。頑張ると,力が無駄に入るんですね。典型的に跳べない子の頑張り方って,跳び箱があると,走る時に,うんって力が入って,ズドズドズドって直前で止まってみたいなね。それでは跳べない。そうではなく,もっと力を抜いて緩やかに走って,タイミングでヒュッと跳べば行くんですよね。だから,跳び箱って,怖い気持ちを抜いてやると,ほぼ跳べる。小さい段,3段ぐらいなら,すぐ跳べますからね。それも関連づけですね。コーディネーションというのはね。知識は,もっとそういうわけです。そういうことを説明しているんですね。

　これは教育心理学にとって当然なんですね。数十年前から,そう言ってきました。指導要領改訂の度に言っているのに,知識とは個別という話がなかなか変わりませんでしたが,やっとそれを変えられた。

第5章　資質・能力の三つの柱と教科の「見方・考え方」

③ 知識と理解と思考の繋がり

無藤　それがなぜ重要かというと，構造化，概念化することによって，知識というものが理解に繋がって，それが思考という考える力に繋がるということです。だから，とかく知識と思考を対立させる見方がある。それは違う。習得，活用，探究って，一生懸命10年言ってきたのも，「そうではないよ。繋がってるんだ」ということだけれども，今回は，そこをもっと踏み込んで，知識というものが構造化，概念化されることによって理解することになり，その理解することを基にして考えるわけですね。

　逆に，考えるということや課題解決を繰り返すことによって知識が繋がり，概念化していくんだということなのです。実は，知識と思考というのは，非常に密接に繋がり合っているので，どちらが必要だとか，なくてもいいとかという話ではない。相互連関しながら育つんだということです。もちろん，習得で，極めて単純に暗記したらいいものもたくさんあります。英語のスペルとかね。都道府県名だって暗記したらいいとは思います。私がよく使う例だけど，都道府県名を暗記するのは，子どもがゲームで暗記したらいいと思います。

　でも，そういうものって，忘れる人は忘れるんですけどね。例えば，福島と福井と福岡，区別がつかない人がいるんですよね。同じ「福」だから。福井は，今，東海道新幹線と北陸新幹線と両方北陸線を介して繋がりましたよね。それがなかなか分からないとかあるでしょう。そういう時に引き合いに出すのは，単に覚えればいいのかもしれません。県名を旧国名にすると，「新潟って越後。上越新

幹線の越だよね」って。みんな，それは知っているわけです。で，石川県の方に行った時，「あの辺，何？」「おそば」みたいにして，越前そばみたいに出てくるではないですか。多少，あちらに暮らしていればね。「富山って知ってる？」って。今時の東京の子は知らないですけど，「越中だよ」って言って，「面白いよね，昔の言い方」みたいな。それで終わっちゃえば終わるんだけど，どうしてそういう言い方みたいなことですね。越後で，さらに上越，中越，下越があるんですけど，全体に越後です。越後平野ですからね。という話をして，ちょっと考えさせる。

馬居　私なりに理解すると，言語学でコンテクスト，社会学だとシチュエーションという概念で意味の発生や特定を理論化する過程と関連すると考えればいいのでしょうか？

無藤　コンテクストですが，まさに知識を繋ぐことですよね。

馬居　そうですね。6月に琉球大学で開催した日本子ども社会学会のシンポジウムで，無藤先生が，子どもの中に言葉を増やしてほしいと語られたときに，その具体例として，「あついね」という言葉を幼稚園で子どもが発した時に，「むしあついね。つゆだからね」といった言葉で先生が答えてほしいと言われたことを思い出しました。

無藤　そうそうそう。

馬居　あのときの指摘も，いまここで語られていることと関係しているのですね。

無藤　そうですね。バラバラでは，結局，すぐ忘れてしまうので，そうではないんだよと。そうすると，多分，日本の地理をやるのは，小学校5年生ぐらいかな。その時に，1時間でできるんですが，日本地図を開かせて，後ろと前と真ん中って，他に旧国名の地図探させると，結構あるんですよね。備前，備中，備後とか。そうやっていくつかあるんだけど，肥前，肥後とか。

で，「似てない？」とか，共通のということで。答えは簡単で，

京都中心に考えるということです。だから，多分，平安時代ぐらいに作られた地名でしょう。となると，忘れないんですよね。つまり，無意味な地名が繋がり合っていくようにして。では，それはどうやってできたかというと，多分，一行知識で覚えても大抵忘れるんですけど，そうではなくて，子どもたちがそういう規則性というものに気付いて，規則性というか，成り立ちですよね。となれば，それは考えること，ちょっとした課題解決ですよね。そうだとすると，この三つの柱のうちの最初の二つというのは，非常に互いに繋がり合い，育ち合っていくような関係の中にあるわけですね。

4 学ぶ主体にとっての学ぶ意味とは

では，その3番目にという時に，学ぶ主体にとって学ぶことの意味とは何だろうかというのをもう一つ入れて。これは，もちろん意欲ということですが，「社会に開かれた教育課程」の中で，子ども自身が主体として育っていって，自らの未来を切り開いていくんだという軸が中心にあると言ったつもりです。そうだとすれば，子どもにとって，今，学校で学んでいることは，自分たちにとってどういう意味があり，それを今学ぶことによって，自分たちは将来どう生きるかということを，子ども自身が考えていかなければいけないでしょう。もちろん，小学校一年生が考えること，六年生が考えること，中学三年生が考えることの質，中身や視野の広さは，まるで違いますが，それぞれにそれを考えるでしょう。

逆に言えば，中学校の数学でよくありますが，「こういう方程式って関係ないよ」って率直に言う子たちがいるわけです。「因数分

解とか言われたって，別に，俺，自動車の修理工になるし」みたいな。

馬居　修理工になるための技術習得や資格を取るための試験でも直接関係ないですね。

無藤　自動車の運転免許試験に出ないと思うし，もっともですから。だから，もちろん，そういう直接的に役立つかということも示してかなければいけないけれども，その未来は変わり得るんだから，中には数学の面白さに目覚めて，数学者になりはしないけど，「同じ自動車っていっても工学部に行って，少しは数学やって，エンジン開発やろうかな」となるかもしれません。

　一つは，そういうことで，その子の今描いているキャリアに直結しなくてもいいと思いますが，その子にとって何か意味あるものにしていかないと，やっぱり，本気でやっていかないではないかということですよね。本来，そういうことのために，特に総合的な学習を導入したと思いますが，同時に数学やら英語もそういうことに役立つということをどういうふうに感じられるようにしていくかが重要です。

　私，このあいだ聞いたある小さい実践にすごく感心しました。都内の小学校の話で，保護者に南極隊員の人がいるんですって。で，「お父さんと話をしよう」というふうに総合で時間を使って組んで，南極基地と小学校を衛星回線で繋いで授業を開催したんですって。それで，こちらはもちろん全クラスが集まって，質問を色々用意しながら1時間ぐらいね。もちろん，その人のお子さんがいるから，「ああ，お父さん」みたいな関係だけど。それで，色々やりとりするではないですか。「こんな大変だよ」とか何とかかんとか，南極の基地の方々とやり取りをするわけです。そういう中で，子どもたちは素朴な質問をあれこれして，中の誰かが，「南極隊員って，どうすればなれるんですか」って聞いたんですよね。そうすると，

我々の常識だと，地球科学みたいなのをやってる科学者が行くのでは，と思うではないですか。思うんだけど，隊員の大部分はそうではない。言われてみれば，それはそうですよね。「まず，コックさんがいるだろう。お医者さんも看護師さんもいるし，自動車の修理をする人，これ，何せ寒くて凍っちゃうからいるんだよ」みたいな。それはそうだ。要するに，生活を受け持つ人の方が人数が多いんですね。そうしたら，つまり，自動車修理やりたい子の態度が急に変わるわけですよ。その子が本気でそうなるとは思いませんけど，「あ，そういう道あるんだ」って言うんですよね。それまで，格好いいけど…。

馬居 自分とは関係ない遠い存在としてみていたけれど…。

無藤 「すごい大学行って」みたいな，「エリートの仕事で，大変頑張ってますね」みたいなことが，急に違って見えるではないですか。

馬居 なるほど。わかります。その子にとっての繋がりですね。

無藤 つまり，そういうことが，その子にとっての意味ですよね。そういうことをやれるようにしていこうということですけれど，ただ，それだけでは今の意味が分かってこないので…，分かるとは限らない。そういい話ばかりではないのでね。

だから，学びを生かすということを色々な形でやろうと。ここら辺の開発は，まだまだだと思うんですけれども，先ほどの「学びの地図」みたいな考えがここに繋がってくると思うんですよね。このめぐりをすることで，そういうところに進んでいくのかというようなことが見えてくるといったことですよね。そういう意味での三つの柱ということで考えています。

馬居 今までの授業で，生きて働くというと，現在の子どもたちの日常の中においてということが多かったと思うのですが，もう一つ，未来軸が入ってくるということですね。

無藤 そうですね。ですから，ここにキャリア教育との関係なんかも結

構重視してきています。同時に，学びに向かう力というものも，定義というか，こういうことだよということをざっと書いてあります。その中では，私なりには，意欲と意志と言っていますが，学びに向かう力とは，興味を持つとともに，自分が興味を持ったことについてやり遂げていくとか，難しいことに挑戦していく力を育てるということですね。そういうところも含めていく。

　だから，「情意面」とか「非認知的な力」[7]とか呼んだりしますが，結構大事です。しかもそれらが育成可能であるという視点に非常に意味があると思いますね。意欲は，駆り立てることはできても，なかなかそれを育てるという発想はなかったと思いますが，実は，意欲，そして意志となってきた時に，それを育てていくことができるということです。そのやり方というものを色々考えられる。

馬居　　意欲や意志を育てる，というところから始まるのですか。ということは，これまでは意欲や意志は育てられないという前提，ということだったのですか。

語句解説

[7]非認知的な力：OECDでは社会情動的スキルと表現される。「学びに向かう力や姿勢」とも表現できる。目標や意欲，興味・関心をもち，粘り強く，仲間と協調して取り組む力や姿勢が中心となる。

5 教科の持つ豊かな知恵が学校教育の根幹

無藤　意欲や意志を持続するものとして積極的にどう育てるということを言ってなかったのではないでしょうか。意欲とは、子どもに面白いことをしてみて、子どもがやる気が出てくるようにして、だんだんだん難しい話に持っていくようなことですね。そもそも子どもが色々なことを面白く思えるように育てていくということは、いい先生はやっています。やっていますが、一般的には、そこをなかなか考えてなかったと思いますね。

　まして最後までやり遂げるように、それをどう支えていくかということで、それは単に先生が叱咤激励するという話ではなくて、具体的な指導の手立てとして、それができるような仕組みを色々作っていくということになりますが。

　だから、最後までやり遂げるという時に、ごくごく小さい子の例で言えば、歩き始めの子がいるとして、「お散歩しましょうね」「くたびれてきたよ。抱っこ」とかいう時に、「いや、あそこの、ほら、ポストまで、ちょっと歩いてみようよ」とか、「じゃあ一緒に手を引いて歩いてみようか」とか、そういう小さい動きを入れたりするでしょう。それは、色々なところにあるわけで。

　それが大抵、「試験に出るよ」という話だけだから、それ以外の、「それを使ってこんなことも解決できるよ」とかというような、あるいは「役立つ場面を用意するよ」とかいうようなやり方で、最後までやり遂げられるようにしていく。

馬居　それは、教師から見ると、「子ども一人ひとりに」ということの言い換えになりますか。

無藤　　そうですね。子ども一人ひとりですが，同時に子ども同士がそれをやっていく面もありますね。「〇〇さんみたいになりたいな」みたいなのも当然ありますからね。
　　　　さて，そういうことで三つの柱というものを整理したんですが，ここで，確かに，今，三つの柱というのは，比較的教科を超えた共通性を中心に言っているわけですが，その一方で，学校教育における教科の働きが非常に重要であるわけです。そこが何を学ぶかというところですが…。

馬居　　「審議のまとめ」の「5．何ができるようになるか―育成を目指す資質・能力」の「(3)教科等の学ぶ意義の明確化」から展開されている部分ですね。

無藤　　ありますよね。

馬居　　はい。「(各教科等において育まれる資質・能力と教育課程全体の枠組み)と「(各教科等の特質に応じた「見方・考え方」)」の二つの項目で構成されています。

無藤　　「各教科等の特質に応じた見方・考え方」の方です。

馬居　　2つ目の方ですね。

無藤　　実を言うと，去年，論点整理を出して，今に至るこの1年間で，「見方・考え方」というものを強く出してきたことは，議論として方向がかなり変わってきたと思います。
　　　　それはどうしてかというと，資質・能力の考え方は，教育課程全体を捉えるうえで有効だと思うのですが，一方で，何人かが心配したのは，「教科の指導が，それによって弱くなっては困る。学校教育における教科というものによって，先生たちは専門性を明確にするのだし，また，教科というものの持っている知識体系の良さ，やっぱり，あれを身につけることが学力の根幹の一つなんだ。そこを無視したら駄目だよ」ということですね。
　　　　これは基礎学力という話ではないんですね。そうではなくて，教

科が持っている豊かな知恵というものを子どもたちが身につけることが、学校教育の極めて根幹にあるんだと。

馬居 なるほど。「基礎学力」ではなく、「資質・能力」という概念によって、教科の知識体系やその学習によって身につく力を再定義するということですね。

無藤 これは、一方の極論として、「全部総合でいいんだよ」みたいなのがあり得るとは思います。そういうことを言う人はあまりいませんが、極端に言えば、その中の必要に応じて、算数とかを学べばい い、みたいな考えがなくはないけれども、「そうではないよ」と言っているのです。やはり教科というものが学校教育を構成していて、それを補足するのに特化して総合をやっているわけですから。

そうすると、先ほどの三つの柱と関わって、教科というのは何かということですが、簡単に言うと、構造化・概念化された知識・技能です。構造化・概念化された知識構造というのは、各教科及びその単元にあるわけですね。それを通して、その教科固有のものの考え方を身につけているので、つまり、「見方・考え方」というのは、ある思考のパターンですね。思考というのは、漠然と、「考えなさいね」ということで動くのではありません。もちろん、人間は、「考えなさいね」と言えば、何となく一生懸命「うーん」と唸って考えようとしますが、そこでろくな知恵は出ないんです。そうではなく、ほとんどの人は、そこで、もちろん、色々なことを連想するから思い付きが出てくるわけですが、基本、特に専門的な部分に入ってくると、構造化された知識群を使って、ある解決方法に従って考えるんですよね。かなりクリエイティブな問題解決ですが、それはルーティンではないんですね。

つまり、どんなものを見ても、例えば、こういう部屋を見た時に、頭のいわばスイッチがあるとします。その時に、「図工・美術スイッチ」を押すとしますね。そうすると、この部屋の「ああ、色合い

のパターンはいいけど，壁の色はあんまり良くないな」とかなるでしょう。「音楽スイッチ」を押すと「音の響きがどうかな」というふうになって，「国語スイッチ」を入れると「本棚のこの本を使って，こういうふうに物が考えられるな」とか，「算数スイッチ」を押すと「この部屋にある本の冊数は，『これ』×『これ』だから大体何冊入っている」とか，「この空間の広さは，『縦』×『横』×『高さ』で，こんなになるな」とか。

　つまり，われわれは，頭の中に，言うなれば教科ごとのスイッチを持っていて，それを押すと，その考え方になり得るわけです。それを専門家で言えば多分そうで，ここに，例えば，建築家みたいな人が入ってきて頭のスイッチを押すと「これは耐震基準，大丈夫ですね」とか，「照度OK。でも，私だったら，この辺はこうした方がオフィスとしていいと思いますよ」とか，パッて言う。それは建築家的物の見方が内蔵されているからですよね。

　そう考えてみると，それぞれの教科は，その教科固有の物の「見方・考え方」を実は教えているというか，身につけさせている。算数・数学を経てくると，算数・数学的な物の見方をして，細かい計算は間違えたとしても，そういう物の見方でやれるようになるんだよということですね。だから，例えば，大勢の人が何十人，何百人と居た時に，どうやって数えるか。端っこからずっと数えてもいいけれども，もうちょっと何とか，でも，一人ひとり分かんないんだから，大ざっぱにみたいな時にどうするという時に，色々なやり方があるけれども，例えば，適当な所で区切って…。

馬居　調査対象の母集団から実際に調査する対象を選ぶという意味で，サンプリングということですね。

無藤　これが，ここに50人ぐらいだとすると，こうなってみたいなこととか，普通のホールなら「縦」×「横」が座席数で計算できて，時々空いてるから引き算してとか，色々なやり方を思い付きますよ

ね。まさに，それは数学的な捉え方になるわけで。

とすると，そういうものというのは，当然，知識を持っていなければできませんよね。掛け算ができなければいけないだけではなくて，それが面積だとか，それが密度を表すとか，色々なことを分かってなければいけないんですが，計算や，いわゆる応用問題だけではない捉え方になるわけです。

そう考えてみると，実は，この「見方・考え方」をしっかり身につけることが，その教科におけるより深い学びというものになっていくんだと考えられると思うんですね。言い換えれば，各教科というのは何を目指すのかというと，知識・技能を教え，それを構造化し，概念化し，そして思考活動をくりかえし，それを通してその教科固有の「見方・考え方」を指導していく。

馬居 なるほど。ここでも知識の構造化という観点が重要なのですね。

6 教科における「〜的見方・考え方」とは

無藤 身につけるようにしていく。こういうふうに言い換えられると思うんです。それは今までも書いてあったんですね。「見方・考え方」というのは指導要領にある言葉なのですが，それが各教科であまり自覚的でなかった。しかし，比較的自覚的だったと私が思うのは算数・数学で，元々数学は，物の「見方・考え方」とか，数理的な考え方というのは，目標に入ってはいるんです。一般の小学校の先生にどのぐらい理解されてるかは別として。そういうことを，改めて，この1年かけて全ての教科ごとに整理し直したんですね。そうすると，では，国語はどうなのかとか，音楽はどうなのか，家庭科はと

いうことになってきて，この「見方・考え方」は，算数・数学と理科と社会科は，割とうまくいって，手早くいったと思うんです。

馬居　確かにそう思います。特に私の専門の社会科教育はすごいですね。
無藤　社会科は，やたら詳しいですけどね。
馬居　やはりそうですか。私はよくぞここまで，と驚いています。
無藤　でも，考えたら，社会科って，最初から社会科的見方ですよね。
馬居　実はそうなんです。文科省から随時公開される資料をみながら，社会科という教科の特性を見直しました。地理，歴史，公民と領域的に，また社会科学，人文科学，自然科学という方法論的にも，さらに価値観や，依って立つ立場によって対立する内容も含まれています。それらを社会科という一つの教科として整合性を保つには，知識体系を構成する概念の抽象度を上げる必要がありました。社会科の歴史は「社会的見方・考え方」を積み上げる過程であったと言えるかもしれません。身びいきかもしれませんが。
無藤　そうですね。しかし，国語などは結構大変だったと思いますし，音楽とか体育も大変だったのではないかと思います。国語というのは，あまりに題材主義ですよね。先ほど言いましたが「なぜ『大造じいさんとガン』なの？」ということです。「でも，何となく5年生ぐらいだし」とか，「やっぱり，物語も要るでしょう」とか。見方・考え方がそこにはあまりないんですね。でも，それでは作れないんですよね。
馬居　そうですか。教科によって事情がちがうのですね。
無藤　ということで，この「見方・考え方」というのが随分出てきて，これによって，まさに小学校1年生から高校まで，縦の教科としての一本の筋のようなものができたと思うんですね。算数・数学というのは，簡単に言えば，数学的ものの考え方を構造化していくんだよと。そういうものが各教科，あるいは教科の中のもう少し小さい専門の場合もありますけど，理科などは物化生地的な分け方をして

いるので，それごとですけれども，まあまあそういうふうになっているということですね。

　そういう意味で，今回，最初の説明からずっとそうですが，とにかく義務教育の９年間，または高校までの12年間をどうやって筋立てていくかという問題意識でやっていって，最初から「18歳学力」と言っていたわけです。教科ごとにそういうものの筋を明確にしたわけです。

馬居　結局，「見方・考え方」というのは，10本かどうかは別として，陸上競技のトラックのようなものになるわけですか。

無藤　そうですね。その時にもう一つあるのは，その「見方・考え方」というものを見ていくと，教科ごとに「見方・考え方」が色々整理されているわけです。そうすると，何でもいいんですが…。

馬居　例えば国語，あるいは私のなじみで社会科では…。

無藤　社会科でもいいんですが，そうすると，社会科，地理歴史科，公民科における教育のイメージというものがあるわけです。で，資質・能力の整備とかというのがあるではないですか。

馬居　なるほど，そういうことですね。「審議のまとめ」の「２．各教科・科目等の内容の見直し」の「（２）社会，地理歴史，公民」の「別添３−４」である「社会科，地理歴史科，公民科における『社会的な見方・考え方』のイメージ」がわかりやすいですね。

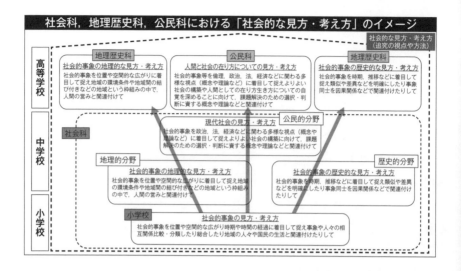

無藤 これですね。こういう中で、抽象度を上げていくと、これが結構面白いんですが、一つは、例えば、高校で見ていくと、公民科と地理歴史科というものの相互関係が分かりやすくなっていますよね。中学校の公民的分野、地理的分野、歴史分野との関係も含めて。もともと、同じ社会科として出発したのだから当たり前ですが、それに向けて小学校の段階ではどうかということが見えてくる。そうすると、ここで社会的事象を色々なことで見ていくということだけれども、今度、これを見た時に、「これに類したことは、その手前で生活科になるよね」と。人々の関係を扱うんだから。

馬居 そうなんです。ここのところは生活科に関連づけてほしいですね。

無藤 「総合でも扱うよね」とか、あるいは、「国語の教材の中にも、こういう話があるよね」とか、「特別活動は、まさに小さい子どもたちの社会なんだよね」とか、そういう他の事柄との関係が見えてきますよね。

7 知識の汎用性の新たな定義を

無藤 一方で,それは社会科で学ぶ「見方・考え方」の応用ですが,同時に,それを超えた部分,横断的とか汎用的と言いますが,そこに広がってきていると思います。位置や空間的広がり,時期や時間の経過,事象等の相互関係を捉えるというのは,例えば,理科の地球環境とか生態的関係等は,事象の関係性だから社会科に非常に近いですよね。ただ,取りあえず,地球環境は,社会環境,社会的事象ではない部分を扱う。でも,関係はだんだん見えてくるでしょう。

つまり,「見方・考え方」というのは,一方で,まさにその教科ならではの,その教科で学ぶ知識に極めて強く依存した「見方・考え方」とともに,ある抽象レベルにおいては,他の場面や他の教科等でも使えるものにもなっていくという二重性を持っていると思うんです。これが汎用性というものを新しく定義し直しているということです。つまり,汎用性というのを今まで気楽に言い過ぎていた。

馬居 なるほど。汎用性というのはそれほど簡単なことではないのですね。

無藤 「理科で学べば,すぐ使えるよ」と。それは間違っていて,そんなに使えないわけですね。教育心理学者が散々やってきて,無理だと。簡単に人間は汎用してくれないわけですよ。

馬居 そうなんですね。もっとも難しさについては,経験的には実感していますが。

無藤 昔,「精選」と称して内容を大幅削減した時があります。あの時の理屈が無理だったと思うのは,例えば,理科で斜面と振り子,どちらかで十分という話が出ました。「力学として同じなんだから,

片方だけやれば,もう一方は使えるはずだ」と。ニュートン力学の応用ではあるから,そのぐらいには同じですが,実際に指導してみれば,子どもたちにとっては違うものです。それが同じだと分かるのは相当理解が進んでから同じだと分かるわけで,それまで全然違う現象なんですよね。だから,根本の原理原則が同じだから分かるはずだということではなくて,根本的原理原則を学んだうえで,色々なことに応用できる力というのは,そう簡単には育たないのです。実は,汎用的というのは,それぞれがやったことを少しずつ手を伸ばすような形でしか作れない。見かけがガラッと変わったら無理なんですね。

ということで,汎用性についても,かなり控えめにやってきました。しかし,「見方・考え方」ということを通して,それがやっと見えてきた。「この辺は伸ばせるよね」ということが,まだ整理は足りませんが,やれるようになったということです。

馬居 そうすると,先ほどのタグ付けではないけども,ある種の全体の地図みたいなのを考えるのですか。

無藤 そうですね。

馬居 教科横断的に。

無藤 その辺の教科横断的な整理をどうしていくかの試みは,少しずつ出てきていると思います。ただ,気を付けなければいけないのは,例えば,「問題解決力」と名付けて,「これ,総合でやってるよね。社会科でやってるし,理科でやってるし」ということで,「共通の問題解決力が育つよね」ということではないんだと思います。

それは内容とやり方に依存しているので,例えば,やり方として,取りあえずグーグルで検索するやり方をしたら,それは使えますとか,インタビューした時に,それをちゃんと箇条書きで整理して合わせるというやり方も使えます。

馬居 なるほど,使い方のレベルとセットで考えるわけですね。

無藤　そういうスキルベースは使える。それから，内容ベースとしても，似た内容に気付くようにすれば使える。関連づけを図るなどとすれば使える。そういうことを割と丁寧にやらないと，汎用的になっていかないんですよね。

8 教科横断的な単元の開発を

馬居　無藤先生は，まさに教育心理学だから，そういう部分について関心があるけども，私は，社会科にいると社会科のことしか考えませんよね。小学校の場合は，教員そのものが総合性を持っていますが，中学校に行くと，教科ですよね。先ほどのカリキュラム・マネジメントみたいな話になるのですか。

無藤　二つ三つあって，一つは，社会科でもいいですが，理科の方が説明しやすいです。理科だと，中学校の場合すら物化生地に分かれたりして。

馬居　物理，化学，生物，地学ですね。

無藤　「全部やるけど，私はこっち」みたいなね。でも，そうではないよ。あれは単元でこうなるけど，理科としての，あるいは自然科学としての共通性をもうちょっと強調しながらそれぞれの特徴をやっていく。自然科学としての共通性というのは，証拠の取り方とか仮説の立て方のレベルです。それは，特に中学では，もっと自覚的にやりながらやっていく。

　理科は，単元ごとで話がバラバラになるんですよね。水溶液をやった話と力の話があって。でも，それをどう繋いで共通化していくかということをもっと理科の中でやってほしいということです。

もう一つは縦の繋がりで，一年生から始まって，理科的な内容というのは，どういうふうに広がり，発展しながら今に至るのかということをやらないと，中学で，例えば，先ほど言った化学反応の意味が分からないですよね。かなりの子どもは，化学反応とお砂糖を混ぜる話の区別がついていない。こちらは水溶液に分子が溶ける話で，化学反応は分子そのものが変わる話ですから，根本的に違いますからね。その区別が重要ですが，そこが分からないんですよね。そういうのは，小さい時からやってきている学び方，子どもたちの理解を中学校の先生が承知していなければできないんですが，そこを分かっていないので。しかし，先生の方は分かっている，人に教えるので。子どもは分からないですよね。例えば，そういうことということで，まずは，その教科の中の様々な繋ぎ方というのをしっかりやってほしいということが第一です。

　2番目は，総合的な学習を介したり，その他で，例えば，社会科と理科の繋がりというのはサイエンス&テクノロジーですよね。中学の社会科でそれを扱うことは難しいと思いますが，科学技術というものをどうやって社会に生かしていくのかということは問われていいはずです。理科的な内容というものをどうやって社会事象として捉えるかということは，もっとあっていいし，本当は，そういう問題も扱っていいはずです。

馬居　逆に，ちゃんとやろうとすれば，理科の中に社会が入ってくるし，社会の中に理科が入ってくるんですよね。事象を扱おうとすると。そういう観点も入れていいんですか。

無藤　入れていいし，地理なんかは，まさに…。

馬居　そのとおりです。

無藤　人文地理と自然地理と分ける理由がないですよね。

馬居　そうです。そうなると，次期指導要領では，いわゆる「各教科」の内容に書き込みが入ってくることになるんですか。

無藤 と思いますね。どこまで内容を増やせるかは，ちょっと難しいところはありますが，例えば，社会科で言えば，そういう地球環境の問題等々は，結局，資源の限りがある中での配分をどうするかとか，持続可能性をどう作っていくかという問題で，それは自然科学的な素養が極めて強く必要ですよね。むしろ，社会科の枠の中で，そういう単元をこれから作っていくべきだと思います。

9 学び手をよりアクティブに

無藤 どのように学ぶかということになるんですけれども，「主体的・対話的で深い学びの実践」というものが出てくると思うんですけれども…。

馬居 はい，「審議のまとめ」の「7．どのように学ぶか－各教科等の指導計画の作成と実施，学習・指導の改善・充実－」で（学びの質の重要性と「アクティブ・ラーニング」の視点の意義）との見出しのあと，四種にわけて論じる文章ですね。

無藤 これは，結局，アクティブ・ラーニングというものをどうするか，1年間議論をしてきて，授業の中に落とし込むための言い換えですけれども，これはアクティブ・ラーニングという考えを弱めたとか否定したとか，そういう話ではありません。そうではなくて，アクティブ・ラーニングという考え方を授業過程で実現していくためにはどうすればいいのかということですね。その時に，途中，話がありましたが，特に小・中学校で考えた場合に，優れた先生たちは結構アクティブ・ラーニングでやっていると。少なくとも部分的には。根本的に何か新しい学び方，指導の仕方をここで入れるわけではな

いんだと思うんですね。

　むしろ私は，アクティブ・ラーニングと言っているのは，これまでの小・中学校のいわばベストな，一番いい指導部分をどうやって一般のどの先生でも使えるようにしていくのかということがポイントだと思うんですね。優れた先生はやっていたのですが…。

馬居　なるほど，そういう風に理解すればいいのですね。ただやっているだけではなく，優れた先生は，ですね。

無藤　問題は，それをどの先生でもやれるようにどうしていくかということだと。その時に，一つは，これは指導の改善の視点だということを明確にしたんですね。今やっている指導をより良くしていく時のポイントだということですね。だから，アクティブ・ラーニングか否かではなくて，よりアクティブになるようにしていこうと。学び手がよりアクティブに学べるようにしていこうということです。そういう視点ですので，一連の学習過程，指導過程があるとしたら，それを時々見直して，どうやったらよりアクティブな方向に一連のものを持っていけるかということを考えようと，こういうことですね。

　もう一つは，アクティブ・ラーニングのもう一つの意味は，最終的に，子どもに，学校を出ても学び続ける存在になってほしいというところから来ているわけです。最初に，「社会に開かれた教育課程」の中で，その中心は，子どもの主体的な在り方，子どもが主体的に自分の力で未来を切り開いていく在り方と言ったのですが，それは，まさにアクティブであるということですね。子どもが社会に出ていく中で，アクティブに学び続けざるを得ない社会になっていくと。そうするためには，小学校から授業の様々な場面で，子どもがよりアクティブになるように指導を改善していかなければいけなくて，それはアクティブなしの0点と，アクティブたっぷりの100点ということではなくて，常にその間に現実の授業はあるわけです。

第5章　資質・能力の三つの柱と教科の「見方・考え方」

　当然，子どもが受け身で聞く話だってたくさんあっていいわけだから，様々な場面を持ちながら，先生の話を聞くにしてもアクティブな聞き方もあるでしょうし。色々なところでアクティブさを増やしながら，単元全体において，あるいは学年全体において，子どもがよりアクティブな学び手になるように支援しようということですね。

　では，授業改善のポイントはどこにあるかということですが，それは，先ほどの資質能力の三つの柱というものをよりアクティブな方向に改善するということで整理できる。

　これが指導の改善を経ながら，よりしっかりとした，生きて働く，実際に使えるものになっていくということですね。そうすると，学びを人生に生かすとか，未知の状況にもという，生きて働くとか言っている，この形容句というのは全部，学校の外でこそ出会うことですよね。

馬居　学校の外というのは，卒業してという意味ですね。

無藤　そうです。卒業して。

馬居　ここでも未来軸の視点が必要になるわけですね。

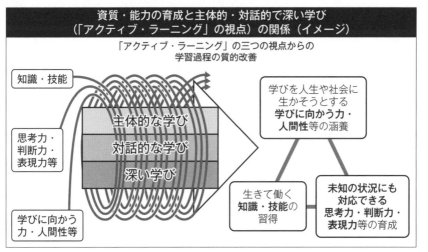

93

無藤　　これからの社会は未知な状況にあるし，当然，学校を卒業して，先生の指導のもとで，先生の顔を見るとやり方を教えてくれる世界ではなくなってしまう中で，では，どうするんだということを考えていて，そういうことに向けてということがアクティブでしょう。

馬居　　アクティブは学習方法であると同時に人生を通してのまさに生きる力に結ぶわけですね。

無藤　　そうだとすれば，個別の授業の中で…，個別の授業といっても，単元ということは何度も書いているのですが，ある幅の中で，それをよりアクティブにしようということで，三つの柱を想定しながら考えているのが，この三つの学びということになりますね。そうすると，主体的で対話的で深い学びというのは，主体的と対話的と深いという三つの側面でやっていきますよということになります。

第6章

三つの学び

　資質能力の三つの柱は，子どもたちが「主体的」に「対話」を通じて「深く」学ぶことが重要です。このような授業のあり方が，学校での子どもたちの学びの質を向上させていくということです。そしてこのような「三つの学び」が子どもたちの「生涯にわたる学び」につながるのです。

▶▶▶ 構　成
　1 主体的な学び
　2 対話的な学び
　3 深い学び

1 主体的な学び

無藤　今説明したように,「生涯にわたって能動的,アクティブに学び続けるようにする」としていて,そのために学校教育において質の高い学びを実現するということは,指導過程を改善することで,今,子どもたちが学んでいるものの質をより上げていきましょうということが言えるわけです。そうすると,そのやり方を非常に大ざっぱに据えれば,三つの面ですよと。

　第一が「主体的な学び」と呼んでいるものです。これは,興味・関心を持つとか,自己のキャリア形成と関連づけるとか,見通しを持ってとか,振り返るとかというふうになっています。この書き方のポイントは,それぞれの子どもにとって意味あるものにしようということですが,それを具体的な手立てとして示したということで,かなり踏み込んだんだと思いますね。つまり,興味・関心というのは,普通のことですが,キャリア形成の方向性と関連づけながらというのは,具体的には,先ほどの南極探検の話ですよね。

馬居　わかります。子ども一人一人の思い,夢,希望との繋がりですね。

無藤　それから,見通しを持ってというのは,これは「学びの地図」ですよね。見通しというのは,短く言えば,この授業の終わりだし,もう少し伸ばせば単元の終わりだし,もっと長く言えば,この1年間だし,さらに長く言えば,この6年間,9年間,色々長さはありますよね。

　例えば,生活科で植物を栽培すれば,当然ながら,「今,種をまきました」というだけではなくて,「これをどう育てて何の花になるの？何の野菜ができるの？」という見通しを持つことになります。

というか，それを楽しみに栽培する。それがなくて，「先生に言われたから種をまきました」では，関心などというものは続かないですから。そうすると，芽が出てきて，どうなるかなって思いながら育てていくことになります。それは色々なところでそうなはずで，「じゃあ，ここからどこに行くの？」と。生活科と総合については，割と見通しを子どもたちは自分で考えますけど，他の教科って結構分からないですよね。

馬居　何でこれを勉強しなければならないの，という単純だけど根源的な問いですね。

無藤　そう。「どこに行くの？」という時に，毎回毎回，先生が課題を出すので，「ああ，今日は2桁の足し算をやるんだ」とか，「今日は水溶液をやって，一応，これで終わって」みたいな。アニメの漫画みたいには連続物になっていないというか，日々，読み切り漫画みたいなもので…。

馬居　1時間のみで完結して…。

無藤　翌日に繋がっていないわけです。

馬居　1話完結型と言えば聞こえはいいですが，要は先が見えていないということですね。子どもではなく教師に。

無藤　だから，もうちょっと未来軸で繋げないと，子どもたちの力量形成を子ども自身が考えるしかないでしょうということです。

振り返るということは，その逆なので，ここまで学んできたということを振り返ることを通して自分たちの学びを確認し，自信を持つということですね。このことについては私は，よく山道に例えるんですが，山道をしんどく登ってきた時に，ある所に来た時に振り返ると，下の景色が見えた。「あそこから登って，こんなに来たよ」というような。

馬居　次の山を越える励みになる。

無藤　見通しというのは，「まだあそこに頂上があるよ。大変だけど，

頑張ろう」ということになるので，そういうことによって学びを主体化していく。だから，「主体的」とか，よく使いますが，主体的な在り方をどう育てるかがポイントであって，初めから子どもは主体的で頑張って，ではないわけです。いや，子どもは主体的かもしれないけど，この授業の中で主体的になってくれる保証はないわけだから，その手立てというものを割としっかり示していくということですね。

馬居　主体的に，と言葉で指導すればするほど，教師が何をすることを望んでいるかを子どもたちは読み取ろうとする，などということが生じる授業を何度も経験してきました。それではよくないということですね。

無藤　そういう意味では，その次にも，「興味を持って積極的に取り組む」ということはよく言ってきたと思うのですが，学習活動を振り返り，意味づけるとか，自覚する，共有する，ということですね。そういう授業の手立てとして考えようと。

馬居　いずれも，子どもたちのまさに主体的な学習を進めるための教師側の支援の仕方ということになりますか。

無藤　もちろんそうですよね。

2 対話的な学び

無藤 2番目は,「対話的な学び」というわけですが,これは子ども同士,協力しながら対話するとか,先生とか地域の人,ゲストティーチャーみたいな人と対話するとか。「先哲の考えを手掛かり」って,これは,要するに,読書ですけど,本を読むことで考えるとか。そういう色々な意味での対話ということですが,大事なポイントは,その次にあって,多様な表現を通じて対話する。「多様な表現を通じて様々な考えの人と対話する」と言っていますね。ものごとの多面的で深い理解。そうすると,結構,子ども同士の協働とか対話と言っているのは,お話を聞くとかやりとりするより,もう少し重い言い方をしているわけですが,それは,それぞれの人が自分の考えを表す。その表したものを共有し,それを基にして問題解決に向けて対話していくことですね。

私がここでよく引き合いに出すのは,普通の授業の板書です。板書というのは黒板ですね。多分,19世紀の終わりとか,100年ぐらい前の偉大な発明だと思います。どこが偉大かというと,子どもたちの考えを共有する道具だと思うんですね。あれは,先生が言いたいことを大学みたいに全部書いちゃったら先生の説明で,あれだったら紙を配っても同じですが,そうではなくて特に小学校などでは子どもたちの発言を書き表しながらやっていって。

上手な先生がやると,子どもたちの発言がうまく板書の中で整理されて,A君の考え,Bさんの考え,Cちゃんの考えで,「あ,こういう点なのね」とか,先生がそれをマトリックスに整理しながら,「あ,ここが違うよね」とかってやっていくではないですか。あれ

は，そういう構造的な表し方というものは先生がやるにしても，つまり，表現媒体を通して子どもたちの集団的な思考というものが外在化され，共有化され，対象化されて，「われわれは，こういうことを考えている」ということが見えてくる。それが対話ですよね。それをさらにアクティブにするということは，すごく簡単に言えば，板書を子どもにやらせようということでもあるわけで，実際，それが結構増えてきたのは…。

馬居　確かに増えていますね。形はさまざまですが。

無藤　お金があるとタブレット端末ですが，ない場合には小さいホワイトボードを用意するというのが最近は流行っていて，5人ぐらいでホワイトボードに，話し合いながら子どもたちが書き込んで，それを並べて，「みんなの考え」。さらに，並べて整理も子どもたちの代表がやりながら，「これとこれは近いから」とかってやっていく。つまり，従来は小学校などで，比較的古いタイプの名人的な先生が板書を鮮やかにやって，授業の終わりに板書を見ると，この45分間，みんながやったことがきれいに表されたと。写真を撮ると，「ああ」と思うみたいな。それは悪くはありませんが，あれは子どもがやるべきことであって，つまり，先生の技量にみほれている子どもを作っても仕方がないのです。

馬居　はい。同感です。誰のための授業なのか，と問いたくなります。

無藤　そういう授業ではなく，子どもたち自身が書き取るような仕組みというのがかなり出てきたと思いますが，それがまさに対話です。結構，「協働と対話」とか，「多様な表現を通じて」とか，「ものごとの多面的理解」などというキーワードが入れてありますが，その辺がポイントだと思いますね。これによって，一人ではなくてクラスで学ぶことの意義というのを明確にした。つまり，指導の手立てというのがある程度示唆されているということが分かると思うんですね。

馬居　なるほど，対話的というのは，学びの方法であるとともに，教師にとっては「指導の手立て」でもあるのですね。

3 深い学び

無藤　3番目は，「深い学び」ということで，まさに教科で学んだことを問題解決に使っていく，あるいは「見方・考え方」を働かせていくことなんですが，それによって課題解決をしていくということで，ここでのポイントは問いにあるわけです。

馬居　子どもが問いを見いだすということでしょうか。

無藤　もちろん，問いが与えられる場合もあると思うんですね。課題解決。「今日の課題，これこれですよ」ということはある。あるいは子どもたちが課題に出合うこともありますよね。総合的な学習で，「町の人たちは，これに困ってるんだよ」みたいな課題が出てきたり，自分たちが気になったり見つけたりしたこともありますし，色々問いがあるわけです。その時に，各教科での考え方を使ってみようということになるので，それによって自分たちの考えを話し合いながら，それを表現し，整理し，その特定の問いに対する暫定的な答えというのを得ていこうということになるんですね。だから，この深い学びというのは，その教科の「見方・考え方」を，一つではなくていいけれど働かせて，ということであり，さらに，その教科の基になる，先ほどから言っている概念的な知識とか構造化された知識をベースにしながら考えていくということですよね。

馬居　この深い学びは一教科にとどまるものですか？それとも，先ほどから何度も出てきている教科横断的な力に，という射程をもったも

のでしょうか。

無藤　深い学びというのは，横断もあるし，教科ごとにあるし，総合の中にあるし。基本的には「三つの学び」はどれも指導過程の改善なので，その教科内でどうするかという話。

馬居　そこで，わざわざ「各教科等で」というのは…。

無藤　各教科等。「等」は，もちろん総合が入るからですが。

馬居　これは，「それぞれの教科で，こういうふうにやってください」という意味ですね。

無藤　そうです。

馬居　要するに，一つの教科に，他の教科のところを使えという…。

無藤　ことではないです。

馬居　ではなくてですね。

無藤　使ってもいいですが，必ずしもそうではない。

馬居　やはりそうですね。選択肢としてはあるが，ということですね。

無藤　ポイントは，「見方・考え方」ということになるので，「掛け算を習ったから，掛け算を使って計算します」ではなくて，掛け算を必要とする考え方があるはずで，その掛け算というものが持つ現実的働きみたいなものがあるんですよね。掛け算というのはいくつも機能があるけど，例えば，メートル対メートルで面積が出ますね。それと，ああいう1袋にリンゴが3つ入っていて5袋ありますというのと，掛け算としての種類が違うわけです。

馬居　確かにそうですね。今気が付きました。

無藤　結構，「メートル」×「メートル」ということで面積というのは，ある意味では，あれが掛け算の一番高度な部分ですよね。新しい指数を生み出すもので。

馬居　なるほど。教科の学習のなかに深い学びが潜んでいるわけですね。

無藤　そういうところにいくという時に，つまり，掛け算というものが持っている考え方というのがあるわけです。それを使って考えてい

くということになるんですよね。

　算数というのは，必ず前に使ったやり方を次に拡張していくわけです。だから，今までの「見方・考え方」を使いながら次の問題を考えて，では，今までの考え方をどう広げればいいかということで，実は，数の考え方，式の考え方を拡張しなければいけなくなるわけです。それによって「見方・考え方」が今度は変わっていく。

　小学校の算数は，数の捉え方が違っていて，最初は「0」，「1」，「2」という自然数で，小数が入ってくるんですよね。小数も，今度，無限小数，循環小数とか。無理数は，小学校はないんだったっけ。それが入ってくるとか，さらにマイナスの数が中学に入るぐらいで出てくる。数の概念がだんだん拡張していくんですが，それは自然数の実数体系の中にあるものですよね。一方で，面積というのは，実数体系と違う二次元，三次元の体系に入っていくんですが，そういう数というものの拡張ですね。つまり，それは算数的・数学的物の見方の拡大ですよね。

馬居　なるほどね。拡張という表現は興味深いですね。数学の苦手意識を払拭しないといけないですね。

無藤　社会科，理科なら，「見方・考え方」がもっと複雑に豊かにあると思うので。

馬居　たしかに，社会科と理科はともにその内容を構成する知識は複雑ですので，当然，その「見方・考え方」もまた複雑で豊かになるということでしょうか。改めて「審議のまとめ」の社会科と理科の部分を読んでみます。

第7章
実践化のための授業の改善と研修のあり方

> 「アクティブ・ラーニング」は授業方法ではなく，授業観です。単に活動を組み込めばアクティブになるというのではなく，一定の時間の中での学び全体を通して，いかに子どもたちがアクティブに学ぶかを構想しなければなりません。その実践化には三つの水準があります。

▶▶▶ 構　成
1. 各教科の改訂の方向性
2. アクティブ・ラーニングは授業観
3. 実践化のための三つの水準
   1. 一つの単元を取り出すことから
   2. 校種間をも越えるカリキュラム・マネジメントを
   3. 教職員全体で「社会に開かれた教育課程」を

1 各教科の改訂の方向性

馬居　これまでの無藤先生のお話で，資質・能力の三つの柱と三つの学びの関係がようやく見えてきたのですが，先ほど確認したように，やはり学習指導要領の各教科等の書き方は変わってくるのでしょうか。

無藤　もちろん。簡単に言うと，資質・能力の三つの柱というものが表に出てきますね。ですから，ここに色々整理があると思いますが，三つの柱ごとに，多分，理科だけで，技能，思考力とか，学びに向かう力等に分けました。これが三つの目標になります。それで「見方・考え方」というのが続いて書いてあり，それが内容の最初の部分です。教科ごとにその枠は少しずつ違うようにするとは言っていましたが，いずれにしても，三つの柱が表に出てくると思います。

馬居　そのような状況ということは，学習指導要領の表現様式や記載される内容が固まってきているということでしょうか。

無藤　そうですね。

馬居　とすれば，具体的にはどのように…。

無藤　社会科なら社会科の一番重要な目的ですよね。それはあまり変わらないと思います。

馬居　そうでしょうね。「社会的見方・考え方」の膨大な資料のなかで，内容の変化はみられないので。

無藤　そのうえで三つの柱が出てきて，「見方・考え方」というのがあって，学年ごとの内容が出てくる。それから，三つの学びは，多分，留意点的に出すと思いますね。

馬居　では，現行の学習指導よりも複雑な構成になりますか。

無藤　複雑といえば複雑ですが，全ての教科等に共通の形にするので。

馬居　なるほど，項目と記載内容は増えるが，表現形式は共通ということですね。

無藤　社会科，理科，国語などと比べる場合に，横串的には見やすくなると思いますね。

馬居　それは興味深いですね。教科横断の目安をつけやすくなりますね。

無藤　ただ，…。

馬居　実際には，難しいでしょうね。教科それぞれ知識体系と資質・能力が異なりますから。

無藤　「あまり機械的にはできないところもある。特に『見方・考え方』は，教科によって性質がだいぶ違うから」ということです。

馬居　そうすると，総則の段階でも変わるわけですね。これだけ複雑な内容をどこまで記載するのですか…。

無藤　総則は教科ごとには言わないので。総則の目次立てがありましたよね。

馬居　はい。これですね。

無藤　これはそのまま，そのとおりになります。それとは別に，教科ごとに「見方・考え方」をどのようにするといったことを抽象的に書くわけだから，それは大丈夫でしょう。それから「審議のまとめ」は12月に，それを膨らませて中教審報告にするわけですから…

馬居　そうすると…。

無藤　だから，「審議のまとめ」の文章は解説ということです。

馬居　なるほど，それはそうでしょうね。しかし，指導要領の総則に記載された内容を理解しようとすれば，やはり，この「審議のまとめ」がないと理解できないですよね。

無藤　そうですね。

学習指導要領・総則の改善イメージ

> 「何ができるようになるか」,「何を学ぶか」,「どのように学ぶか」の視点から,教育課程の理念や,新しい時代に求められる資質・能力の在り方,アクティブ・ラーニングの考え方等について,わかりやすく示すものとして抜本的に改善

前文

⇒「社会に開かれた教育課程」の実現など,改訂が目指す理念

第1 小学校教育の基本　　　　　　　　　　　　　　【何ができるようになるか】

⇒ 教育基本法等に示された教育の目的・目標の達成に向けた教育課程の意義,「生きる力」の理念に基づく知・徳・体の総合的な育成,育成を目指す資質・能力,「カリキュラム・マネジメント」の実現

第2 教育課程の編成　　　　　　　　　　　　　　【何を学ぶか】

⇒ 資質・能力を含めた学校教育目標に基づく教育課程の編成,学校段階間の接続,横断的に育成を目指す資質・能力,授業時数等の共通事項 など

第3 教育課程の実施と学習評価　　　　　　【どのように学ぶか,何が身に付いたか】

⇒ 「主体的・対話的で深い学び」(アクティブ・ラーニングの視点)による資質・能力の育成,言語活動の充実やICTの活用など重要となる学習活動 など

第4 児童の発達を踏まえた指導　　　　　　【子供の発達をどのように支援するか】

⇒ 学級経営,生徒指導,キャリア教育の充実など
特別支援教育,日本語指導など特別な配慮必要とする児童への指導

第5 学習活動の充実のための学校運営上の留意事項　　【実施するために何が必要か】

⇒ 学校の指導体制の充実,家庭・地域との連携・協働

第6 道徳教育推進上の配慮事項

⇒ 全体計画の作成,道徳教育推進教師,指導内容の重点化 など

別表 各教科等の見方・考え方の一覧

馬居　「審議のまとめ」は無理でも，全国の教師が参照できる解説書が必要ですね。

無藤　だから，総則の解説編ですよね。

馬居　なるほどね。くどいですけど，教科の記述は，ここまで複雑にならないでしょうね。

無藤　複雑に見えるかもしれませんが，実際にはそうでもありません。それで，小・中・高をばさっと一つの表にしているから複雑に見えるのであって，実際にはばらけますから。

馬居　先ほど無藤先生の話を聞きながら思ったのですが，社会科は，立場によって対立する見方を避けられないので，理科のように具体的な内容にまで書き込めない事情がありますよね。

無藤　そうですね。

馬居　だから，そういう意味では，逆説的ですが，先にも述べましたが，「社会的見方・考え方」として整理できたのだと思います。ただ，高校は二種の教科を二つに分けて，中学は三つの領域を，共通の概念の組み立てで表現してはいますが，相当悩まれたと思います。

無藤　そう。よく頑張ったなと思いますね。

2 アクティブ・ラーニングは授業観

馬居　ところで，先ほど，優れた実践を誰もができるようにという説明をされましたね。

無藤　はい。

馬居　ということは，アクティブ・ラーニングというのは，いわば授業観みたいなもので，授業方法ではないと考えればいいんですか。

無藤 　そうですね。授業観ですね。ただし，具体的な指導の手立てや子どもが使うスキルなどの示唆もしています。授業がどういう方向に向かえば良くなるのかですね。より主体的にしようとか，より対話的にしようとか，より深くしようということを言っているわけです。

馬居 　でも，アクティブ・ラーニングの教則本みたいなものがたくさん出ましたよね。ニュアンスが違うのもたくさんありました。

無藤 　そうですか。

馬居 　どうも，私の偏見かもしれませんが，活動体験学習を高校でも実践を，というメッセージととれば，観点を超える実践性をもつのでは，と思うのですが。

無藤 　はい。ただ，私は，それを否定はしないのは，例えば，高校教育では必要だと思うんです。そういう単純な授業実践が。科目や先生によっては，ずっと講義が続くっていう授業がありますよね。それに対してはさすがに，「何分の1か，話し合いの時間を入れたら？」と考えるくらいは，別に悪いことではないと思うんです。だって，小・中について言えば，そんな極端なことはあまりないので。やはり中身の質を上げることなので，アクティブというのは視点だと思います。

馬居 　初期の頃，アクティブ・ラーニングに関する本を読みましたが，結局，去年の秋の時点では，正直，小学校でやっていることの高校版かなと思いましたよね。

無藤 　そうですね。

馬居 　ただ，徐々に，そうではないというか，誤解があるみたいな言い方をされるようになりましたよね。

無藤 　そうですね。アクティブ・ラーニングも，要するに，文部科学大臣の諮問で出てきた時に，多分，大学教育がかなり念頭にあったと思いますね。高校以下は初等中等教育局マターだから違うな，とは，私は思ったんです。結構，あの時の大臣やトップの官僚と中教審の

会長, 副会長レベルの話なので, こちらは関係なかったんですが, 多分, 大学, そして高校というところを相当考えて出したと思います。

しかし, その後, それを読んで, 学習指導要領を作る側として, 小・中学校にどう落とし込めばいいんだというのは, 相当考えざるを得なかったわけです。単純にアクティブ・ラーニングと言っても, 既に実践している所は実践しているし, これらをどのように扱うかということの問題意識は, 既に去年の論点整理である程度あったと思います。その辺で, 本当に何人かの委員が, 別に「アクティブ」に反対しているわけではなく, 現場の実践をよく理解している人たちが, そこで通用する言い方や理論などということを教育課程課の人たちと一緒にかなり考えたという感じですね。

馬居 だから, これまで実践してきたことであって, 誰もが可能なことですよ。特別なことを考えなくても大丈夫ですよ, とのメッセージが一方では込められているわけですか…。

無藤 そうですね。

馬居 他方で, 確かに日本の小中学校では実践されてきましたが, それが意図通りの授業で, 子どもの資質・能力を高めることに結びついていたかどうかは別として, という但し書きが必要, ということでしょうか。

3 実践化のための三つの水準

1. 一つの単元を取り出すことから

馬居 ところで，総則の五種の枠組みの最後は「実施するために何が必要か」ですね。「審議のまとめ」でも，第1部の最後の章に，同じ表題で，「学習指導要領等の理念を実現するために必要な方策」との副題によって，研修をはじめとする学習と教師の側の指導体制の充実や家庭・地域との連携・協働などの項目が並んでいます。その意味で，実践する上でどういう準備が必要なのか。「社会に開かれた教育課程」，カリキュラム・マネジメント，など全て関係してくると思いますが，実践者となる先生方に，実践のありようやサポート体制についてお話しいただけますか。

無藤 はい。研修が要だということは色々な人が言っているわけですが，当たり前ですが，先生方も研修で色々なことを勉強するのでいいことだと思います。問題は，それを授業の改善にどう使うかだと思います。そうすると，いくつかの改善の方向性がここで示唆されていると思いますが，一つは，個別の授業の改善で，一時間ごとでなくても，ともかく単元レベルの改善の方向ということが示唆されて，それが「三つの学び」ということで考えていくということです。だとすると，より具体的に言えば，こういうことを勉強したうえで，例えば，自分の教科なり自分の学年なりの，ある一つの単元を採り出して，それをよりアクティブな方向に変えるとしたら何をするか，どこを変えるか，これが第一にやるべきことだと思いますね。それ

第7章　実践化のための授業の改善と研修のあり方

を色々な人と一緒にやっていくと，1年間のカリキュラム全体がアクティブな方向に進んでいくというふうになると思うんですね。

2. 校種間をも越えるカリキュラム・マネジメントを

無藤　2番目は，カリキュラム全体を通して，どういう資質・能力が育つかと。そうすると，この「三つの柱」ということをキーワードにしながら，見定める必要があると思います。同時に，各教科における「見方・考え方」というものを身につけられるようにしていくということ。つまり，教科の指導，全体の改善の方向を「見方・考え方」を中心にしていくということであり，もう一方で，資質の三つの柱ということを考えながら，教科間をどう繋いでいくかを考えるということになると思います。

　教科の中の改善は，一時間ごと，1単元ごとの改善とともに，1年間なり6年間なり9年間という，かなり長い時間を通しての改善というのが大事になると思います。例えば，理科でも社会科でも国語でも算数でもいいのですが，例えば，小学校3年生で学ぶことと，5年生で学ぶこと，中学2年生で学ぶことは，「見方・考え方」としてどういう点が進化していくのかと。小学校の先生としては，中学校のことまでは考えにくいかもしれませんが，せめて小学校の中のことは考えられるわけですから，社会科というものは，例えば3年，4年，5年，6年という中でどうしていくか。社会科の中も色々に分かれるでしょうが，そういうものとして，まず検討していく。これは，カリキュラムレベルの検討としてあっていいと思います。それは，教科書に書いてあると言えば書いてあるのですが，それを自分なりに消化し，もう一度見直し，自分は今4年生を受け持

っていたとしても，3年生の段階，また，5年，6年の段階を見通しながら，今の4年をやるという考えが大事だと思います。

　もう一つは，「三つの柱」との関係においてということですが，「見方・考え方」というものを考えても，教科間の繋がりが出てくる部分もあるし，特に総合的な学習の時間などを介していくと，余計に様々な繋がりがあり得ると思いますから，総合的な学習の時間を中心としながら，教科間の力，「見方・考え方」を相互に豊かに繋ぎ合わせるにはどうしたらいいかということを考える必要があると思います。

　例えば，従来の総合的な学習の時間では，教科横断的に行うという一面が入っていますが，その時に，とにかく個別の内容を繋いでしまっているところがあると思うんですね。例えば，「キャンプでご飯を炊くよ」，「カレーライスを作るよ」などと。「その前に，せっかくだから，家庭科ではお米の研ぎ方，ご飯の炊き方を学んでおいて，それを総合で使おうよ」と。こうしたことはもっともではあるんです。別に，それはそれでやったらいいんですが，大事なポイントはそこではなくて，家庭科で学ぶ「見方・考え方」と総合でやっていくことの繋がりはどうなっているのかということです。

　例えば，家庭という生活の在り方における様々な面を子どもたちが学びながら，総合の学習にそれを持ち込んで地域を理解するとすれば，家庭科における衣食住のそれぞれがこの町の中でどう実現するのかを考えたっていいわけですし，町というのは，ある意味では家庭を大きくしたものだとするならば，そういう見方もある。つまり，様々な物の見方を総合の中で生かし，発展させて繋ぐことが必要になるわけですね。例えばそういう具合に，三つの柱との関係の中でやっていくというのが一つあると思うんですね。

　もう一つは，特に，学びに向かう力とか，主体的な学習の態度のようなところでは，意欲とか，意志とか，自分のキャリアとの結び

付きとかということであって、それは特定の教科・時間に限らず、様々なところに出てくる話なので、そういうところで、それぞれの子どもたちにとっての意味・意義というものが互いに見えるような活動は組めないかということを考えていこうと。あるいは、一つの学年でやったことが上の学年でどう生きるかということを、子どもたちに見えるような形で意欲をかき立てられないかとか、そういう工夫が出てくると思いますね。その辺りが、カリキュラム全体の改善の一番重要なポイントだと思います。

3. 教職員全体で「社会に開かれた教育課程」を

無藤 今、だんだん遡っていますが、3番目が、「社会に開かれた教育課程」というのは、学校全体の目標であるとか、学校全体の在り方の見直しということになるので、自分の学校を出た卒業生がその次の段階に行き、大人になっていくということは、自分の学校の段階においては、それをどう引き受けられるのか。冒頭部分で触れたような、その学校としてのミッションをどのように定義できるのか。それを地域や保護者の人々にどう伝えて、また、意見をもらう中で作り直していけるのか。そのミッションを教職員がどう共有していくか。また、子どもたちにそれをどう伝えて、自ら頑張るように持っていけるのか。つまり、「社会に開かれた教育課程」というものは、その核に学校のミッションの再定義ということがあるということを考えて、教職員全体で取り組むことができると思います。

そういう三つの水準というものが、今回出されているそれぞれの考え方に対応したところだと思うので、そういう個別の担当者として、特定の科目を受け持っている授業者として考える水準と、カリ

キュラムレベルと学校全体というところでやるということが，取りあえず，この学習指導要領を読みこなすことだと思うんですね。読みこなすということは，これを読んで理解するだけではなくて，それを使うことであるわけです。そういう意味で，まさに知るだけではなくて，できるようにしていくというのが教員側にも当てはまることなので，そういう方向に向けての読みこなし。そして，それを可能にするような，例えば教育委員会で行う研修とか，それぞれの教員の自己的な研修とか，学校における研修というか，みんなで考える場の在り方の課題になっていくと，そんなことではないでしょうか。

馬居　ありがとうございます。次期指導要領の特性についての総括を重ねながら，実践化への課題を非常に具体的に語っていただき，よくわかりました。

　それでは次に，「審議のまとめ」の「9．何が身に付いたか －学習評価の充実―」のところについてよろしくお願いします。

第8章

評価の改訂の方向

指導要領の改訂に伴って，評価のあり方も改訂されます。基本的には，「学びの地図」に示された子どもの学びの見通しに照らして，三つの観点に絞り，単元毎に行われます。そこで問われるのは，教師がどのように子どもの学びと育ちを見取ることができるか，という点です。

▶▶▶ 構　成
1 観点別評価と所見のあり方
　　1 「観点別」は三つで単元レベルに
　　2 所見は「キャリア・パスポート（仮称）」の観点を
2 「学びに向かう力，人間性」の評価はいかに？
3 評価の対象は教師の実践に
4 指導要録での改訂は

1 観点別評価と所見のあり方

1. 「観点別」は三つで単元レベルに

無藤　評価については，基本的には，観点別の評価と最終的にまとめる評定は維持します，ということですが，観点別については，三つの観点に絞るということです。三つの観点というものは，「知識・技能」と「思考・判断・表現」と「主体的に学習に取り組む態度」としました。

　そうすると，従来のものの知識と技能は比較的，個別的な部分に依存しているので，揃えたということになります。ただし，新しい組み方からすると，「知識・技能」というのは，個別的な知識や技能を覚えただけではなくて，それらをどう繋いでいくか，構造化していくかというところまで捉える方が良いとなりますし，「思考・判断・表現」の部分は，子どもたちが自分たちの考えを表現し，それを見直し，対話しながら思考する，問題解決を図る部分を見ていく必要があるということになります。

　それから，「関心・意欲・態度」の部分で言えば，意欲を持って取り組むだけではなく，自分たちの学んできたことを振り返り，これからの見通しを立てながら，粘り強く取り組む態度までを見ていこうということになります。ということで，評価の観点が少し進化してきたということがあります。

　それから，2番目は「(評価の三つの観点)」のところに書かれているように，三観点の評価は，毎時間，毎時間，丁寧にやらなくて

もいい，単元ベースで見ればいいということです。これは，先ほどの三つの学びと同様に，一時間一時間では細かすぎるので，もう少し単元レベルの育ちでいいという意味ですが，具体的には次のように書かれています。

「これらの観点については，毎回の授業で全てを見取るのではなく，単元や題材を通じたまとまりの中で，学習・指導内容と評価の場面を適切に組み立てていくことが重要である」

要するに，細かすぎるので，そのぐらいでいい，ということです。

2. 所見は「キャリア・パスポート（仮称）」の観点を

無藤 それから，もう一つあるのは，観点別の評価以外の総合的な所見や言語的所見というもの。それからさらに「子どもそれぞれの良さ，可能性，進歩の状況等」と書いてある部分は，大体，道徳とか，特活とか，総合的な学習の時間のあたりで想定されているわけで，あれは観点別評価を使っていいんですが，少し違います。

そして，「この辺が難しい」と，みんな言いますが，よくやったところを捉えるということであって，子どもの良い姿を見て取ろうという趣旨だということが分かれば，私はそう難しくないと思っています。

後は，もっと技術的な部分といいますか，いわゆるペーパーテスト以外の評価法を採り入れようというのは，パフォーマンス評価とか，ポートフォリオというのが頭に出てくると思います。これは，前から言われていますが，それをもっと本格的に導入しようということが入っています。

もう一つ注目していいのは，キャリア・パスポート（仮称）とい

うのが提言されています。これは，特別活動などにおいて子どもたちがどう生きたいかとか，子どもたちが考える将来に向けてということと，それに向けての活動というものを，特に，特定の教科以外の活動についての記録を取っておいて，それを小学校から中学校と繋いでいこうということなんで，具体的な案はまだ決まっていませんが，特活やキャリア教育の実質化のための一つの手だての提案ということになると思います。

馬居　キャリア・パスポートについて，総則に記載されるのですか。
無藤　「キャリア・パスポート」という言い方を総則でするとは思いませんが特別活動で書いてくれるのではないかと思います。
馬居　キャリア教育自体は，特別活動の中に入ってくるのですか。
無藤　入ってきます。「キャリア・パスポート」というカタカナがいいかどうか，というのは別の話です。それはちょっと指導要領に馴染まないという意見もあるので，言い方は違うかもしれません。

2 「学びに向かう力，人間性」の評価はいかに？

馬居　「審議のまとめ」の「9」の（評価の三つ観点）では，個人内評価に相当する記述が出てきます。この意味はよく分かりますが，先ほど言われていた，一人ひとりの良さを書いていく，進歩の状況等を書くとあります。これは個人内評価と同じものと見ていいですか。
無藤　そうですね。大ざっぱに同じですね。
馬居　「学びに向かう力，人間性」という資質・能力に対して，人によっては，人間性まで学校が入りこんでよいのか，といった危惧がある一方で，個人内評価ということで，先生方の子どもへの関わりへ

の積極性が前提になればよいことでは，との話も聞きます。「学びに向かう力，人間性」は，資質・能力の三つの柱の最上位に来ていますが，その評価は所見になるということですか。

無藤　そうですが，人間性というのは非常に広いので，そもそもこの評価に入れなくてもいいかもしれません。つまり，一つは，「三つの観点」と言う時に，ともかく，3番目の観点としては「主体的に学習に取り組む態度」ということなので，割と限定的です。

馬居　これは分かります。

無藤　でも，それ以外に課外の活動やその他色々あるので，その辺についての子どもたちの力ということで「学びに向かう力，人間性等」があるし，それは，人間性を含めて，学校の教育活動としては大いに意識しましょうと言っているわけです。

馬居　それも分かります。

無藤　だって，教育基本法の目的にありますからね。

馬居　そのとおりですね。実はあまり知られていませんが。

無藤　しかし，評価というのは，観点別評価でちゃんとやる部分と所見等でやっていく部分と，子どもと対話しながら子どもの良さを口頭その他で伝える部分とに分けるべきことであって。

馬居　日常の中の活動の過程で，ということですね。

無藤　そうです。そうすると，広い意味での人間性というのは，所見に書くことでもないかもしれません。その人の良さというのは。

馬居　なるほど。そう考えれば楽になりますね。

無藤　しかし，例えば，総合とか道徳などで，その子がすごくしっかり深く考えていたのだとすれば，その子なりによく考えている姿が見られたと。それは評価に書いていったらどうでしょう。それは，授業における子どもの姿なんだから，ということですよね。基本的に，観点別評価はもちろんだし，所見欄もそうですが，子どもたちの授業における姿ですね。そこで示しているものを書くことであって，

それ以外の広い意味での人間的育ちというのは、実際に教師が子どもと関わる中で認めていくべきことだろうけれども、学校の要録や通知簿で丁寧に書くべきことを超えていると、私は思います。

馬居　それは明確になるわけですね。

無藤　そうですね。ここに書いてあるように、「『学びに向かう力，人間性』ではなじまないものもあります」と。

馬居　わざわざこのように書いたのは、それなりの意図があると考えるべきですね。

無藤　そうですね。

馬居　こういう形ではっきり書いていただけるとわかりやすいですね。先生方は、「学びに向かう力，人間性」という言葉だけを見て、「これ、どうやって評価するんだ」って言いかねないですよね。

無藤　だから、それは、評価する部分としない部分とか、所見レベルとかということで、つまり、学校が持っている目標とその中での広い意味での指導の全てが評価対象というわけではないというのは、学校教育の枠組みとして、本来そうだと思います。

3　評価の対象は教師の実践に

馬居　ところで、指導要領の改訂での先生方の悩みは、授業実践の方法もありますが、評価の変化への対応も大きいと思います。特に次期改訂では、自分の未来を考える子どもの育成が課題になると思いますが、その評価はどのように、と戸惑う先生がおられるのでは。

無藤　はい。

馬居　自分が教えたこと、あるいはアクティブにやったとしても、それ

をどういう形で評価すればいいのかという疑問は出てきますね。

無藤 そうですね。

馬居 改めて整理していただくと。

無藤 評価というのは，子どもたちの現在の力をいかに客観的に捉えるか，それで，伝えるかではなくて，評価することによって，足りない部分をどう補うかとか，指導をどうより良くできるか，そのための情報を得ることですね。

そう考えてみると，間違っているとは言ってないが，細かい正確さよりは，資質・能力を見通しながら，不足を見定めて補いながら，より良く伸ばすようなことをどうしていくかという部分ですね。専門用語で言うと，信頼性をあんまり細かく求めるよりは，ある程度信頼できなければいけないんだけども，大ざっぱな妥当性をモデルにしていく。

馬居 評価の基準という意味での信頼性，妥当性ということですね。

無藤 そうですね。そうすると，個別の知識だけではなくて，やはり，先ほどからずっと言っている知識の構造的な把握を，教師側としてもどうしていくか，そこでの思考力の展開などを見ていくか，あるいは，意欲とか，学びに向かう力みたいなものをどう見定めていくかということになるわけです。

それが評価の3観点になるわけですが，同時にそれを見定めるためにはどうするかという時に，結局，子どもの内面とか，頭の動きと言いましたが，しょせんは，実は分かりませんから，それを表してもらわないといけない。すると，今回，思考表現というのが非常に密接に繋ぎながら議論してるわけで，言語表現やその他の表現の中で，子どもたちの知識の繋がり，構造的な部分を表してもらうとか，そこで子どもなりに発想し展開した部分を思考力の表れとしてどう捉えていくか，その見定めが必要ですね。

そうすると，授業での発言ということもあるし，ノートみたいな

形でやってもらうこともあるし，ただ，パフォーマンス評価のような形で，比較的オープンな問題である程度自由に書いてもらうので評価するというのもあると思うんですよね。そういう知識の構造的な面と思考力とに全部繋がっていると思いますが，そこを中心とした評価です。

　ただ，その場合にも要素的な知識は必要ですから，例えば九九ができなければいけないとか，明治維新何年も，それはある程度知っておかなければ始まりません。そういうポイントとなるところを押さえながらも，構造的な知識の在り方とか，知識を使って考えていく様子をパフォーマンスによって繰り返し評価し，そのための基準をどうするかとか，具体的な資料としてポートフォリオの中で，それをどう見定めていくかということを，もっと展開する必要があるんですね。

　一方で，意欲とか意志とか，学びに向かう力というのは，そういうテスト的な部分では見えないですね。そのため授業での子どもの活動の在り方であるとか，子どもにアンケートを採る中で，子どもたちが学ぶ事柄についてどう感じているかとか，そういう形で，その辺の意欲やら頑張る力を捉えていく。あるいは，そういう組み合わせとして評価して，不十分な場合には子ども一人ひとりをチェックしながら，違う活動をどう入れていくか。こういうことになりますね。

　より具体的には，この一つの単元の中で，毎時間の細かい評価ではなくて，単元全体の流れの中で，でも，資質・能力のその単元で伸ばすべき目標を明示しておけば，そこをあるところで押さえながら，不足の部分について補う活動をやるという組み合わせになる。だから，単元というものの目標をある程度はっきりさせて，指導過程があって，評価の部分があって，補充部分があるようなものを基本計画として考える。これが評価のポイントです。

指導要録での改訂は

馬居 そうすると，指導要録の表現も変わってくるということですか。

無藤 指導要録は既に4観点があって，それが3観点に整理されても，似たようなものになっていますが，どちらかというと評価課題，それから評価規準ですね。それを基に整理していかなければいけない。思考力などについてはまだ評価規準が十分ではないので，その辺の開発と，それに応じた評価課題の提供ということ。これは，国立教育政策研究所を中心にやるにしても，それでは足りないので，教育委員会とか教育センターとか教科書会社などが提供していく，民間の出版社が提供する部分だろうと思います。

馬居 そうすると，子どもを評価するためというよりは，子どもの学びを教師がどう見ていくかみたいな。

無藤 ことですよね，評価というのはね。

馬居 通信簿を付けるためではなく，最終的にはそこに記載する内容にかかわると思いますが，重要なのは，日常の授業の過程の中において，子どもとどう関わっていくか，という部分ですね。

無藤 そうですね。しかし，もちろん資質・能力がどう育つかということは，「学びの地図」という言い方で言えば，資質・能力を目指し，育っていく，学んでいく道筋が，「学びの地図」としてあるわけです。そうすると，それを保護者と共有し，子どもと共有するということは，一人の子どもがいるとして，「あなたは，『学びの地図』でここまで来ているんだけど，この辺はちょっとまだ行ってないんだよ」みたいなことを伝えながら，「一緒にやっていこうね」と伝えていくということです。

だから，通知表のような形で，子どもと親に対して，「ここまで来てますよ」と言うだけではなくて，「『学びの地図』のうえでここまで頑張ってきたけれど，これから先はこういう部分に行くので，そのためには教師もこう指導します，子どももこういうことを目指して，こういうことに工夫して勉強してね。家庭でもこうしてね」という，教師側と保護者と子どもの共同の関係の中で評価というのはあるわけです。

馬居　それは，イコール「開かれた」という意味でもあるわけですか。

無藤　そうですね。開かれているということは，指導過程を，大きく言えば学校全体，教育課程全体ですけど，小さく言えば教科とか授業の在り方を，保護者，子ども，学び手自身に開きながら，共に教え，学び，関係を作っていくということですよね。

馬居　そうすると，現実的かどうかは別として，理念的には子どもの数だけ地図が必要になってくると。

無藤　理念的にはそうですが，現実にはそれは無理なので，基本的にその学年，クラスに共通の地図がありながら，それにうまく乗らない少数の子どもに対しての一人ひとりへの配慮ということですよね。それは，今回書いてあると思います。

馬居　そうですね。

無藤　「一人ひとり」とは言っていますが，全ての子どもに一人ひとりのカリキュラムを考えるということではなくて，それは特別支援の問題ですね。だから，「障碍があるお子さんとか，外国籍でまだ日本になじんでないお子さんとかに対する個別的配慮はもっとしなさい。それに対しての教員配置も増やしますよ」と書いてますが，基本的には，「学びの地図」というのは，大部分の子どもに共通に当てはまっていて，ただ，その位置付けがある子はここに来て，別の子はこっちに来てというので，それを調整してやっていこう，そういうことになりますね。

第9章
幼児教育の振興とスタート・カリキュラム

　現在では，9割以上の幼児が幼稚園，保育園，認定こども園などで学んでいます。このような現実を考慮すれば，小学校教育はゼロからのスタートではなく，3年間の学びの過程をふまえて組み立てる必要があります。そのときに手掛かりとなるのが，「幼児教育における10の姿」です。

▶▶▶ 構　成
1. 幼小の接続とスタート・カリキュラム
2. 幼児教育における「10の姿」
3. 3歳児からの幼児教育の推進を
4. 幼児教育の責任は教育委員会に
5. なぜ3歳児からの幼児教育が重要か

1 幼小の接続とスタート・カリキュラム

馬居　最後に，改訂で大きく取り上げられる幼児教育で育ってほしい10の姿についてお願いします。

　センター試験に替わって新たに取り入れられる大学入試の関係で，上から下りてきたアクティブ・ラーニングに対して，下から，というわけではありませんが，3歳児教育を標準化させて，幼児教育からのアプローチ・カリキュラムと小学校が準備するスタート・カリキュラムとの関係，生活科の前提になる学校教育のスタートは小学校ではなく三歳児からの幼児教育という制度改編の意義について教えてください。多分，この点について理解している先生はいないのでは，と思います。教育委員会の先生方と話をしても，疑問符がか

第9章　幼児教育の振興とスタート・カリキュラム

えってくる場合がほとんどですので。

無藤　分かりました。幼・小・中・高・大まで考えた時の学校教育体系というのは，当然，上から下りてくる部分と下から上がる部分の両面があって，それぞれの接続部分があるわけです。それは，両方の動きが調整される場がこのインターフェイス部分で，高校・大学であれば，それは入試という形を取りますが，幼・小・中の場合には，普通は入試はないわけで，実際に先生方同士の調整によって可能になるはずです。

　そうすると，それぞれの校種として分かれていることに多分意味があって，それぞれの校種独自のやり方によって，一番効率よく教育が可能なのだろうと思います。でも，それぞれの時期に合わせることによって，繋ぎ部分がぎくしゃくすることがどうしても出てきてしまう。そこに無駄があるわけです。

　これに関して，いいたとえを思い付きました。なぜ，先日のリオ五輪で日本男子400メートルリレーは勝って，銀メダルを獲得したのか。

馬居　やはりそうなりますか。

無藤　テレビによると「バトンの受け渡し」とありますが，バトンの受け渡しが，つまり学校間の接続なんですね。それぞれの走者が一生懸命走って，バトンを繋ぐ。私は，日本の教育は，それぞれの走者は割と一生懸命やっていると思うんですよね。幼稚園も頑張って，小学校も頑張って，中学・高校も大学…，大学はちょっと違いますが，それぞれに頑張っていると。だけど，バトンの受け渡しは相当下手なのではないかということです。「ここで相当無駄してない？下手したら，バトン落としてないの？」ということなんですね。

　無駄というのは，小学校低学年の子どものバトン渡しみたいなもので，渡す時にお互いに立ち止まって，向き合って「はい」とバトンを手渡すような感じのものです。そこを改善していくということ

129

は何なのかという時に，要するに，下の校種で育ってきた色々な力と上から育てようとしていることがスムーズに繋がることですね。

　これは時々誤解されますが，子どもにとってそれを楽にしようと言っているわけではなくて，子どもはそれぞれの時期で背伸びをしながら伸びていくと思いますけれども，十分育ってきたものをベースに次に行くんです。ただ，その育ってきた力が校種ごとに形がかなり違うので，生かし方が結構難しいということがあるんだと思います。その時に，それを可能にするためにはどうするか。例えば，小学校5，6年で学んだことと，中1で学ぶ内容の似た教科について，「内容をもうちょっと続くようにしよう」とか，「吟味しよう」ということももちろんあるのですが，やはり，共通性の根幹にもっと戻って，それを幼稚園から大学までずっと繋ぐというところをしっかり考えなければいけないでしょう。

　それを「資質・能力」と呼んで，三つの柱として考えていくということなのであって，その時に，例えば，「県の国名が昔は違っていて，でも，関連があって」という話を先ほどしましたが，それは，つまり，日本の歴史であり地理でもあるんですね。

　つまり，小学校の時に学んだことが，実は高校の地歴総合の中に生きてくるということです。これは歴史と地理の例ですが，そういうものであって，あるいは，日本の近代史を知るという時に，複数教科の内容を理解することによって初めて意味・理解が可能になるわけですから，実は，小学校，中学，高校と発展していくわけです。

　そのように，前の段階で学んだことや，そこで育った力を生かしながら次のところをやっていくものであって，逆に，「次のところではこういうことを育てたいから，前の段階ではこういうことを育ててね」というお願いもしていくと。そういうことを具体的にやっていこうと。その枠組みとしての「資質・能力」の柱ということになると思います。

幼児教育における「10の姿」

馬居　先ほどの繋ぎの部分との関係でみると，幼稚園等で育ってくる子どもたちの10の姿と，小学校において繋いでいく時に変わっていくものと引き継ぐものと，その辺のところが，多分，現場的には一番大事ということでしょうか。

無藤　そうですね。小学校の先生，特に低学年を持つ先生が非常に重要なところで，結局，「幼児教育の場に育つ10の姿」というのが書いてあります。それは別に新しいことではなくて，今までの幼児教育の中に書いてあることの中で年長の後半をイメージして，「こういうことは育ってくるよね」ということを10にまとめ直しただけです。

　それが持つ意味は，一つは，幼児教育関係者はそういう姿を実現しようという指導の目標です。こういうことに向けて育てていこうというのができますし，小学校から見た時に，幼稚園，保育園，色々あるわけで。

馬居　それぞれ公立と私立のちがいや独自の方針をもった認可外の園もありますし。本当にさまざまですね。

無藤　東京だったら10，20の園から来るわけで，様々な保育がある。

馬居　東京にかぎらず，静岡でも担当の先生に聞くと20園前後の数字を挙げる学校がほとんどです。

無藤　でも，基本的に，「どの幼稚園・保育園でも，こういう姿は少なくともある程度育てて送ってくるんだよ」と，そういう了解にしたいわけです。

　そのことからすれば，小学校教育は，この「10の姿」から出発しようと。もちろん，この「10の姿」を100％どの子もできるという

ことを言ってはいないのです。おそらく100％できる子はいないんです。でこぼこがあるので。あるけれど，ある程度この「10の姿」が育ってきているんだから，それを生かしながら小学校教育を始めようと。

　かつ，この「10の姿」というのは幼児教育の中心なんだから，それを受け止めながら，特に1年生は割とそこを意識して，まだ育ちきれていない部分は1年生の中でも育てていこうと。生活科と結構似ているんです。

馬居　そうですね。

無藤　そのようなことを言っていて，そうすると，生活科もですが，算数や国語の在り方も，これをどう生かすかによって結構変わってくる部分がある。

馬居　そういう意味で言うと，どちらかというと，小学校教育の入り口ではなく出口にあってもいいのではないかと，10の姿をまとめた図を見た時思ったのですが。

無藤　はい。

馬居　幼少を貫く資質・能力の共通の部分という意味ですが。

無藤　ある意味ではそうですね。

馬居　そういう書き方はしないのですか。

無藤　そういう形で書ける部分はあると思いますが，小学校の上の方になってくると，先ほどから言っている，教科の「見方・考え方」というものが極めて重くなってくるので，やっぱり「10の姿」というのが土台で，その上に教科等の「見方・考え方」というものが育っていくと。そういうものとして見た方がいいと思うんですね。

　ただ，この土台が消えるわけではないので，それぞれの土台というものがまたしっかりと，自立性が育つとか何とかには当然なってくると思うんです。

馬居　それが，例えば大学入試にしても，試験そのものは教科単位にな

第9章　幼児教育の振興とスタート・カリキュラム

　　　　るけれども，そこで問われるのは，教科の枠を超えて，その子自身
　　　　が持っている資質・能力を測るということになると思います。そう
　　　　であれば，むしろ10の姿に近い面が出てくるのではないですか…。
無藤　　出てきますよ。
馬居　　そのままではないかもしれないですが。
無藤　　それは，三つの柱のうちの特に非認知的というか，「学びに向か
　　　　う力等々」と呼んでいる部分が相当色濃く入っていますので，当然
　　　　ながら，それがもっと高度な中身になれば，大人に繋がってくるわ
　　　　けですね。
馬居　　その辺は書き込むんですか。
無藤　　どのぐらい総則で書けるか分かりませんが，「幼児教育で育った
　　　　10の姿」でやるとちょっと複雑になるので，三つの柱として繋ぐと
　　　　いう部分がそこですね。その中の一つの柱の非認知的な主体的な部
　　　　分というものが，その部分の中心になると思います。
馬居　　最近，よく読まれている教育経済学の分野で，幼児期に投資した
　　　　方がいいということに関わる非認知的能力と重なる部分が多分にあ
　　　　りますよね。
無藤　　そうですね。
馬居　　あの非認知的能力というのは，決して幼児期の問題ではなく，大
　　　　人になった時の伸びしろの問題ですよね。
無藤　　はい。だから，小学校でもそれを指導しなければいけないという
　　　　議論になっていますよね。
馬居　　そういうことの書き込みは入ってくるんですか。
無藤　　中教審答申にはここで多少書いてあるので，入ってくると思いま
　　　　すが，総則でそこまでできないので，解説書だと思いますね。

3歳児からの幼児教育の推進を

馬居　それから，同じことですが，幼児教育等の中で大きく三つ分かれますね。認定こども園と保育園と幼稚園と。

無藤　はい。

馬居　あと，認可外（保育園）も少しあります。沖縄の方は認可外が多いんですが，ここにあげられた10の姿という点では，いずれの園においても幼児教育という側面では，共通のものを目指していくんだということが前提になりますよね。

無藤　そうです。共通にするんです。今の幼稚園教育要領に対して保育所保育指針と幼保連携型認定こども園教育・保育要領と並行して改訂していて，3歳児以上を同じにすると言っています。そのどれにも5つの領域にもとづきながら「10の姿」に向けて指導していくということで同じになります。

馬居　だから，これは明確になるわけですね。

無藤　なります。

馬居　認定こども園設置の議論の時には色々ありましたけども。

無藤　一緒に決めて，もう決まりです。

馬居　その具体化のための様々な保障，例えば研修の問題や，免許証の問題，給与の問題など，このことに関しても全部セットで出てくるのですか？

無藤　セットですが，正確に言うと，分担の問題があるので，特に予算を伴う部分について言うと，文科省，厚労省，内閣府なので，少し複雑ですが。しかし，ここで出ている幼児教育の姿というのは，一つは今言ったように，幼稚園，保育園，認定こども園で共通化して

います。

　もう一方で，幼児教育無償化という議論で，財源が少ないのであまりうまく進展はしないかもしれませんが，理念としては一応入ってきています。それ全体が何を表してるかというと，義務教育に対して無償になるべき教育が高校教育と幼児教育という枠になったわけです。

　これは，数年前から文科省が明確に打ち出しているわけで，そうすると，幼児教育というのは行っても行かなくてもいいものではなくて，誰もが幼児期に行くべきものという位置付けに変わってきている。幼稚園か保育園か認定こども園か。まだ義務ではありませんが。

　これは非常に大きな変化で，そうすると，ほぼ必ず行くものであれば，カリキュラムというのは，共通でちゃんとやらなければいけないものに変えていくということですね。だから，今後は3年保育にすべきであるというのは，基本的に国の議論の端々に出ていますが，ただ，義務的には言えない。それは，学校教育法であくまで自由ですからね。

馬居　　強制力は働くのですね。強制力というのは言い過ぎかもしれませんが，推進力みたいのは。

無藤　　推進力ですね。推奨してるだけであって，強制ではないですね。

馬居　　実際に沖縄の那覇市では，市長の英断で公立幼稚園を認定こども園に転換する作業が始まっていますが，数が多いため一斉には進められません。他方，待機児童を解消するために設置する小規模保育での保育の対象は0歳，1歳，2歳です。公立幼稚園は1年もしくは2年制のため，3歳児の行き場がなくなる問題が生じています。同じように，小規模保育施設からの移行の問題は那覇だけではないと聞いていますが。

無藤　　そこはまずいので，3歳からの幼児教育ということは，今回，相

当強く出てくると思いますね。

馬居 それは、学習指導要領とセットで出てくると考えればいいのですか。

無藤 そうですね。

馬居 現在国会で審議中と聞いている幼児教育振興法（仮称）は、そういう内容があるのですか。

無藤 書いてあると思います。そう明確ではありませんが、そういうふうに読める内容です。しかし、幼児教育は幼稚園、保育園、認定こども園であるとか、3歳児からを基本にしてなどということですから。

馬居 そうすると、全体として、形はそう大きく変わるわけではないけども、一応、質的には共通の…。

無藤 ものになるので、教育体系が非常に明快になるわけです。3歳未満をどうするかというのは残っていますが、一応、3歳以上から18歳までは完全にこうなっていくと。

馬居 六・三制が変わるわけではないけど、三・六・三・三制みたいな形ですね。

無藤 そうですそうです。非常に大きな変化です。

馬居 なるほどね。それは、明確に今回の改訂とセットで。

無藤 幼児教育振興法が通ればね。

馬居 根拠ができるわけですね。そこで、先ほどの話に繋がるんですが、この面を中心になって何とかまとめ上げたものが出ることによって、日本は、原則として3歳児からの教育を保障するという枠組みができたということになるのですね。

無藤 そうです。

馬居 でも、義務ではないから、強制はできないけれどもというところで。

無藤 厳密に言えば、子ども・子育て支援法がここにあって、こっちに

教育基本法，学校教育法があって，幼児教育振興法があると揃うんですね。

馬居　とすると，今度は「幼稚園は向こうへ行きましたので」といったことを教育委員会は言えなくなる。

幼児教育の責任は教育委員会に

無藤　幼児教育振興法の中では，教育として教育委員会が関わるということが明記されるので，そこが変わるんですね。

　それで，具体的には幼児教育センターとアドバイザーという制度を設けて，教育委員会が関与しながらやっていくという支援システムをまず作ったうえで，無償教育を進めながら，教育委員会が中身を管理して，お金は福祉系が管理するという仕組みを作ろうとしているわけです。

馬居　それは，行政的には作る方向で行くということで間違いないわけですね。

無藤　そうですね。幼児教育振興法が通ったうえで，そういう方向の施策をうまく動かさなければいけないのですが，保育所の在り方や，保育士の在り方の議論がまだまだ煮詰まっていません。厚労省の都合もありますが。

馬居　当然ながら，先ほど言われてましたが，小学校は，まだそこまでは考えていませんよね。

無藤　そのようですね。だから「英語，大変」とは思っているだけで，「アクティブ・ラーニングだって，もう既にやっているし」みたいな反応だと，あんまり変えなくていい。

馬居　「スタート・カリキュラムは，低学年で生活科でやればいいんだ」みたいな，その流れはありますよね。

無藤　だから，そこを揺さぶらなければいけないと思っていて，答申にも書いてありますが，「学力格差は小学校低学年から始まっているんだ」とか，「実は，幼児教育から始まっているんだ」というふうに，そこまではっきり書いてないと思いますが，読めるように書いてありますね。それから，「小学校高学年は，もう中学にくっついてもいいんだ」という感じでもあるわけですね。だから，本当は，今度，小学校は危機に入るわけです。そういう意味で，6年間という小学校がなぜ必要かが問われると。

馬居　なるほど。

無藤　六・三制の中を緩めることは，今，極めて簡単にできるので。学校教育法では規定で義務教育になる。小学校・中学校の規定は緩やかなんですよ。

馬居　そうなんですか。それで小中一貫教育を進める中で九年制義務教育学校の試みが進んでいるのですか。

無藤　必ずしも義務教育学校にしなくても，五・四制にしても構わないんで，だから緩いんですね。

馬居　そこまで可能，いや想定しているのですか。なるほどね。

無藤　だから，そういう意味で，小学校というのがどうして6年必要かということが大いに疑問です。私は個人的には長すぎると思っています。「中学3年，高校3年，幼児教育3年なのに，小学校が6年って長すぎない？」って思うので。

馬居　確かに幼児教育3年が前提になれば，小学校教育の位置づけを問い直すこと必要になりますね。

無藤　だとすれば，9年間を五・四制でもいいし，高校を入れて四・四・四制でもいいし，色々あり得るし，試行ということでこれからの何年間，もっともっと出てくるのではないですか。今は今なりに，

スタート・カリキュラムの試行的なものは、横浜市とか色々なところでやっているわけで、そういうものをある程度集めながら、新しい指導要領の方向で考えていく。ただ、その場合には、スタート・カリキュラムというだけではなくて、幼児教育の「10の姿」がこっちにあって、スタート・カリキュラムがあって、低学年教育があって、3年生以降の教育があると、そういう流れをつくらなければいけない。しかし、その辺は、これを見ていくと大体見えてきたのではないでしょうか。

5 なぜ3歳児からの幼児教育が重要か

馬居 では最後に、3歳からの幼児教育の重要性というのを、ぜひ学校現場の先生方に理解してもらいたいという観点から、次期指導要領に記載されることを前提に、3歳児からの教育の意義について教えてください。

無藤 幼児教育について言うと、今回、3歳、保育所まで入れれば0歳ですが、共通に言えば3歳からですよね。18歳まで。高校教育はもちろん義務ではないので、少数は中学校卒業でしょうけど。でも、厳密に言えば、幼児教育も義務ではないから、行かなくてもいいですね。3歳児就園も、今どのくらいだろう、90％ぐらいかな。

馬居 そうですね。子どもたちが学ぶことができる施設の量では、ほぼ整っていると言えますね。

無藤 ですから、そういうことを考えると、100％ではありませんが、大ざっぱに言えば、90数％の子どもたちにとって3歳から18歳なんですね。それを、3歳の時から保育所も含めながら、学校教育が一

緒に準ずるものとして預かっていこうと。

　そうすると，幼児教育部分でも育ちが重要だ。それは，一つは，小学校のスタートがゼロではなくて，幼児期に育った力を基にしていく。それをより明確にする。それが，今回「10の姿」という形で打ち出していて。「10の姿」は，実を言えば別に新しくはなくて，幼稚園教育で言えば，5領域というものの中に書いてあるんですが，それを整理し直して，年長児の終わりの姿として特に大事な部分を抜いたわけです。

　でも，それは重要なポイントです。なぜかというと，小学校から見た時に，どの幼稚園も保育園も認定こども園にしても，それぞれ，特に民間の園は個性的です。そうではあっても，この「10の姿」はある程度共通に指導している。「10の姿」というのは割と理想的に書いてあって少しレベルが高いので，どの子でも100％ということはないです。しかし，それを言えば，小学校の学力もそうですね。4月の学力テストの言い方で言えば，「A問題もB問題も80％以上でないと中学へ行けませんよ」と言われてもできないですよね。それと同じなので，「10の姿」についても色々だと思いますが，でも，「大体そのぐらいは指導してきている。それを前提にして小学校をスタートさせていって，でも，それに付いていけない子もいるから，それについての支えも入れながらやっていこうね」，これがスタート・カリキュラムの発想です。

　それでは，幼児期に育つものは何かというのは，「10の姿」を丁寧に見てほしいと思いますが，それを見れば分かるように，「学びの芽生え」と呼んでいるものがもう始まっています。例えば算数にしても，幼児期の数への関心からスタートしているので，小学校に入って初めて数えたりするわけではない。3歳から数えてますよね。あるいは，国語教育で言えば，当たり前ですが，小学校から言葉の教育が始まっているのではなく，0歳から始まっている。

馬居　まさにそうですね。現実が先行していると言っても過言ではないわけですね。

無藤　親子関係の中で，すでに言葉を使いますし，幼稚園，保育園の先生と当然ながら言葉のやりとりをしていますから，実を言えば，小学校の国語教育で何をしているのかというと，就学前に育ってきた話し言葉の力を書き言葉に転換するのが国語教育ですよね。したがって，話し言葉の教育というのは，その前に行われているのですが，ただ，国語教育の時間でやっているわけではなくて，話し言葉の教育というのは四六時中やっています。子どもが起きて寝るまでの間がすべて話し言葉教育，言葉を使いますから。幼稚園も保育園もそうです。

　そういう幼児教育の特質を考えてみて，そこでの成果を見ると，実は小学校教育の基盤は幼児期にできている。100年前，明治時代，大正時代は，小学校入学時点の子どもの力は様々でした。できる子はできていたと思いますが，そうではない子は本当に学ぶことが分かっていなかった。大正時代には，小学校で仮名文字に初めて触れる子が大部分だったと思います。もちろん，その前に，漢文素読までできている，そのようなエリートはいましたが，大部分はそうではなかった。

　しかし，今どきで言えば，既に絵本にいくらでも接していますから，文字を含めた言葉の接触量も，100年前に比べると段違いだと思います。そういう幼児期の力量形成がすごく変わってきた。それによって小学校が支えられていて，高度化を可能にしていると思うんです。それが，ここ何十年かの幼児教育の見方の変革だと思って，今回それを割と強調しているということが一つありました。

馬居　教育経済学の成果として，非認知的能力は，3，4，5歳に，とのメッセージをこめた啓蒙書がベストセラーになっていますが，その影響もあるのでしょうか。

無藤　　そうですね。

馬居　　その辺の影響も大きいでしょうか。

無藤　　ありますね。非認知的というのは，簡単に言えば頑張る力とか，興味を持って粘り強く取り組むということです。その辺が，実は，もちろん大人になるあらゆるところで育っていくのですが，結構重要なのは幼児期です。最近の研究では，2・3歳，4・5歳と言っていますが，それくらいの年齢が要なんだと。そこを外してしまうと，後が大変だということですね。そういう意味で，幼児教育というものが従来以上に重要性を増してきたし，その指導法が大事だと言うんですね。

馬居　　元々プライマリー・ソーシャリゼーションで言われていましたよね。伝統的には，三つ子の魂ですけども。

無藤　　そうですね。

馬居　　でも，そういうものは小学校教育では無視してきた気がするのですが。

無藤　　無視してきたし，それから，伝統的に重視してきたところでも，幼稚園，保育園という集団の中の組織的・意図的教育としての確立では必ずしもなかった。例えば家庭でやっているのでも構わないといった部分がありますね。しかし，ここ数十年で決定的に変わったのは，3歳以上は基本的に幼稚園，保育園の集団場面で教育を受けるということです。家庭教育はその前や，乳幼児全体で言うと，家庭教育と集団教育の組み合わせだということになる。そういう意味で，100年前は家庭教育だけだった。それが決定的に変わったと思いますね。

第10章
実践化への課題は教師のアクティブ化に

　今回の改訂においては，各単元を構成する内容は基本的に維持されます。その一方で，各単元が，学校ごとのカリキュラムにおいてどのように位置づけられるか，という点では大きく変わるでしょう。したがって，教師の授業実践においては，各単元の目標の明確化とアクティブな要素を組み込む構成の在り方が問われるでしょう。

▶▶▶ 構　成
1 教育委員会と小学校の課題は
2 教師自身のアクティブ化が授業実践の鍵

1 教育委員会と小学校の課題は

馬居 最後に,教育委員会に対する,「社会に開かれた教育課程」を具体的に進めていくために何が課題なのかということについてまとめていただけますか。「審議のまとめ」には,教育委員会をはじめ学校を支える側との連携・協働という観点が繰り返し出てきますよね。

無藤 そうですね。一番大きなことは,結局,文部科学省なり中教審が色々考えて出してきたとして,実は学校現場に直結して伝わるわけではないので,必ず教育委員会がそれを受け止め,解説し,指導して,各現場,各教員に伝わるというのが基本的な仕組みですから,教育委員会,そこでの指導主事などの働きが大きいわけです。

そういう意味では,指導主事,教育委員会がしっかり理解して伝えてほしいということがある。言い換えれば,これまでも十分理解しないで伝えた部分とか,あるいは,何ていうんですかね,中教審報告など機械的に伝達してきている部分があるのではないかという懸念を言ってるわけです。これが一つですね。

そうすると,その時に大事なことは,各学校現場なり教員の創意工夫をいかに可能にしながら底上げしていくかですね。これは難しいと思うんですね。底上げのためには,一定の型とか,やり方というものでやってもらう方がいいわけですが,一方でそれが現場を縛り,特に優れた先生の工夫を無視することになる。若い先生は,型どおりにやった方がいいかもしれませんが,いずれみんな経験者になっていくのだから,教員も学び続けなければいけないわけです。そういう意味で「学び続ける教員像」というのは,教職課程の解説にもあるんです。実は子どものアクティブ・ラーニングを指導する

先生もまたアクティブな学び手でなければいけない，アクティブな教師ではなければいけないわけですけれども，教育委員会は，そういう先生になるように現場や教師を助けてほしいわけですね。ということは，子どもと「先生，好きにやってね」では困るわけで，一定程度の指導が必要です。同時に，ある型どおりにやらなければ絶対駄目なんだという指導でも現場の創意を殺してしまうので，その辺の工夫というものをやっていくことが，特に今回は，「社会に開かれた教育課程」とか，資質・能力とアクティブ・ラーニングという考え自体が，創意工夫をする中でないと指導できないので，それが必要だと思います。

　３番目は，「保護者の理解」と言いましたが，もちろん国が発信して保護者に理解してもらうということは必要ですが，全国にあるから，最終的には保護者の理解というのは，教育委員会，各学校，各教員が，自分の地域の保護者，住民に説明し理解してもらわなければいけないわけです。そうすると，その時に「一番重要なのは受験なんだから何とかしろ」ということでも困るわけです。もちろん受験指導は必要だと思いますが，それだけが学校に要求されるようでは困るので，もう少し広い意味での学力を考えるということをしっかり保護者に伝えて理解してもらわなければ，学校はやっていけないわけです。そういう意味で，新しい指導要領の考え方が生きて学校に伝わるためには，学校現場でこういう考え方をしっかり実行して，保護者もそれを支え，賛同してくれなければいけない。そのためには，こういう考え方を保護者自身にも理解してもらうような工夫とか機会が必要ではないか。そういう，教育委員会としてやるべきいくつかの課題がある。

馬居　　その中で，今，ほとんどの教育委員会は，幼児教育を福祉系の部局に移してますよね。

無藤　　はい。

馬居　　それから，中学校には様々な人たちの手助けが必要ですが，それは教育委員会サイドでなく，むしろ福祉系とか，市民系とか，行政サイドには色々なところに広がりますね。その横の繋がりみたいな部分はどうですか。

無藤　　幼児教育に限って言うと，幼児教育振興法は準備中で，それが通るかにもよるとは思いますが，一応，文科省としては，幼児教育センターと幼児教育アドバイザーという制度を広げようとしています。その中では，教育委員会が関与しています。教育委員会が基となりますが，関与して，福祉部局等とも協力しながら，自治体が全ての幼稚園，保育園，認定こども園に対するサポートをしていくと言っています。そういう意味で，教育委員会を中心とした学校教育体系の中に，幼稚園と幼保連携型認定こども園だけが入るわけですが，日本の子どもたちの半数近くは保育園に居ますから，そういう子どもたちを含めて学校教育の基盤というふうに見なして，教育委員会の管轄ではないにしても，教育委員会がいわば口を出していく，助力していくという仕組みをぜひ今後作ってほしいです。

馬居　　それは，自治体の裁量ということになりますか。

無藤　　なります。文科省としては，それを奨励するという形になると思います。

馬居　　分かりました。

2 教師自身のアクティブ化が授業実践の鍵

馬居　そうしますと，いよいよ最後になりますが，今回のお話の全体を通して，授業者としての先生方に，こういうところから学んでいってほしい，あるいは学習指導要領をこのように捉えていってほしいというメッセージを出していただくとすれば，どのようになりますか。

無藤　今回，この1年か1年半の中教審の議論を様々な形で現場に伝えることを，色々な人がしています。やはり，かなり共通に難しい。よく分からない。

馬居　本当にそうです。

無藤　あるいは，趣旨として分からなくはないが，具体的にはよく分からないという反応が多いと思います。確かに，どうしても中教審報告というと，理屈だって丁寧にやるので，そうなりますが，日々の授業の改善ということで考えるとメッセージは割とはっきりしていると思っています。削減しないとはいっても内容の入れ替えはあるので，単元が今のままではないと思います。

　基本的には，今のような単元は維持されるわけですね。内容がそんなにパッと変わるわけではない。特定の内容があり，教材がありますから。だから，そこのところは大雑把に同じなわけで，そこで何が必要かというと，一つは，より目標をはっきりさせる。資質・能力，それが教科の「見方・考え方」と複合してなされるわけなので，それをもっと砕いていけば，その単元において育てるべき力は何かということになってきます。

　資質・能力の抽象度は高いものではないと思いますが，やや抽象

的な部分が含まれています。しかしそこは，単元である以上は単に特定の知識・技能だけではないので，必ず，資質・能力の三つの側面を含みながら目標を考えていく，これが一つの課題ですね。途中で言ったように，国語で「ごんぎつね」を指導するにしても，それを通して何を子どもたちの身につけたいかというのをもっとはっきりさせるということです。

　もう一つは，従来の指導法があり，単元計画，授業計画があるとしたら，その中で，ここで言う「三つの学び」に該当するような意味でのアクティブにする部分を一つでもやってみようということですね。これが指導の改善ということです。単元が10時間，20時間あるとして，その中の1時間，2時間，3時間の部分を，ここで教師がずっと説明していたけれども，ここは話し合いに変えることはできるだろうかと検討したり，ただ話し合っても多分うまくいかないと思うので，そこで，話し合いのツールをどう入れるか検討するとか，そこに発問を用意しながらも，子どもたちの意見をどう引き出すかとか，色々工夫というのがありますね。

　現実的に言うと，10時間，20時間の単元計画を全面的に入れ替えるというのではなく，今のやり方の中で，ある特定の中の1時間，2時間，3時間というもののアクティブ化が必要だと思います。そういう意味で私が具体的に個別の先生に申し上げたいと思うのは，自分が担当している授業のいくつかの単元計画についての部分的アクティブ化ということですよね。

馬居　　部分的アクティブ化ですか，なるほどね〜。

無藤　　全面的アクティブというと難しくなりますね。ある所をアクティブにできないか，ということですね。それは，この1年で色々と批判もされているように，話し合えばいいのではないかという，それはそうなんですが。同時に，私もよく言うのですが，「頭の中をアクティブにすることだよ」というのは，指導という問題で考えると，

頭の中をアクティブにすることがアクティブ・ラーニングと言うのは，正確であるとしても，実際に何をしていいか分からないですね。

馬居 本当にそうですね。

無藤 もっと具体的に言えば，「頭の中をアクティブにするためには何をするか」です。その時に話し合い活動もあるし，ここで実験を入れてみようとか，ここで発表させようとか，やっぱりそれは普通の意味でのアクティブというものを入れながら，でも，「目指すところは頭の活性化，アクティブ化だよね」という，そういうことだと思います。そのように自分が馴染んでいる単元の工夫というところまで落とし込んでやってみているうちに，だんだん指導要領で言わんとしてる中心の部分が腑に落ちてくるということですね。

馬居 アクティブ化は，子どもたちの前に教師の側の課題になるわけですね。主体的で，対話的で，深い学びは，まず教師が自分の教育実践を問い直す観点と評価の尺度にしていかなければならない，と考えるべきですね。同じことは教育委員会の先生方においても当てはまりますね。

　無藤先生，非常に多岐にわたる内容を，わかりやすく整理して，また実践化への道をも示しながら，長時間にわたって語っていただき，ありがとうございました。
　本年は「審議のまとめ」を受けて昨年末発表された中央教育審議会答申に基づき，新たな学習指導要領が告示されます。その内容を理解し実践するための「学びの地図」になることを願って，本書を制作しました。その作業を共にした角替弘規先生に，未来の教師を育てる立場から，無藤先生の言葉に学んだことを，結びに代えて，綴っていただきます。(馬居政幸)

本書の制作に携わって〜教員養成に関わる立場から〜

　今回，本書の制作に携わる中で，無藤先生から直接お話をうかがうことで，「審議のまとめ」を読んだだけではなかなか理解できない部分まで知ることができたのはとても貴重な機会であったと思います。お話から学習指導要領の改訂に関わる方々が持っておられる日本の学校教育に対する強い危機感をひしひしと感じました。これまで学習指導要領の改訂と聞けば，学習内容の増減や単元内容の変更といった，いわば表面的な部分にどうしても注目が行きがちであったと思います。しかし，今回の改訂では，その背景と根幹部分により注目する必要があると認識を新たにしました。

　無藤先生は今期の改訂が学校教育とは何かを今一度根本に立ち戻って捉え直す好機と指摘されています。学校は社会の変化，家庭の変化，子どもたちの変化を見据え，その在り方をいかに変えていくか。教員一人ひとりに対して大きな宿題が出されたのだと思います。

　それを踏まえ，教員養成に関わる私が本書の制作に携わる中で学び，若い先生方や教職課程を履修する学生の方々に伝えたいと思うのは次の三点です。

　一点目は「想定外」の出来事が明日にでも起こりうることが想定される時代の中，教員には子どもたちがそうした社会を「生き抜く」意欲的な学習主体として育つための工夫を積極的に編み出すことが求められている点。

　二点目は，無藤先生が子どもの「アクティブ」な学びを実現するためには教員自身が「アクティブ」な学習者であることが不可欠と指摘されている点。

　三点目は，教員が子どもと保護者の生活の現実に目を向けるという志向性を持って，積極的に学校外の社会に関わる必要があるという点です。

　社会や地域に開かれた教育課程を構想し，授業をつくるためには教員は社会や地域の中で生きる人々とともになければならないと思います。教員が地域と繋がることで家庭と繋がりそして児童生徒を中心に据えた授業づくりを構想・実現することができるのではないでしょうか。私も先生方や学生の方々と共にその実現に向けて「アクティブ」な探求に取り組んでいきたいと思います。（角替弘規）

【解説・制作者紹介】

無藤　隆（むとう　たかし）
文部科学省中央教育審議会委員・教育課程部会長
白梅学園大学教授兼子ども学研究科長

馬居　政幸（うまい　まさゆき）
静岡大学名誉教授
UER-Labo ディレクター

角替　弘規（つのがえ　ひろき）
静岡県立大学教授

無藤　隆が徹底解説
学習指導要領改訂のキーワード

2017年2月初版第1刷刊	解　説	無　藤　　　　隆
2017年4月初版第4刷刊Ⓒ	制　作	馬　居　政　幸
		角　替　弘　規
	発行者	藤　原　光　政
	発行所	明治図書出版株式会社

http://www.meijitosho.co.jp
（企画・校正）及川　誠
〒114-0023　東京都北区滝野川7-46-1
振替00160-5-151318　電話03(5907)6704
ご注文窓口　電話03(5907)6668

＊検印省略　　組版所　株式会社明昌堂

本書の無断コピーは，著作権・出版権にふれます。ご注意ください。

Printed in Japan　　ISBN978-4-18-271029-2
もれなくクーポンがもらえる！読者アンケートはこちらから→

THE教師力ハンドブック

汎用的能力をつける アクティブ・ラーニング入門
会話形式でわかる社会的能力の育て方

西川 純 著

「えせアクティブ・ラーニング」にならないための秘訣

AL入門、第3弾。「なんちゃってアクティブ・ラーニング」ではない、子ども達に社会で生き抜くジェネリックスキル・汎用的な力をつける授業づくりとは？学校でつける一生役に立つ社会的能力が子どもの未来を切り拓く！アクティブな授業づくりの極意を会話形式で伝授。

四六判 144頁
本体 1,760円＋税
図書番号 2612

アクティブ・ラーニングをどう充実させるか
資質・能力を育てるパフォーマンス評価

西岡加名恵 編著

本質的な問いから探究を生む「パフォーマンス評価」実践集

「アクティブ・ラーニングにおいて評価はどうすれば？」そんな疑問に応える「パフォーマンス評価」実践集。アクティブな活動を充実させる「パフォーマンス課題」を活用した各教科の授業＆評価モデルを収録。ポートフォリオやルーブリックを活用した探究も徹底サポート。

A5判 144頁
本体 1,800円＋税
図書番号 2589

「教師を辞めようかな」と思ったら読む本

新井 肇 著

事例＆教師自身の語りでまとめた現場教師への応援歌！

学校現場から，教師の疲弊する声が多く聞かれます。多くの教師たちが，「辞めたい」と思うまでに追いつめられるのはなぜなのか。また，そのような危機をどのようにすれば乗り越えられるのか。具体的な事例＆教師自身の語りで，現場の先生へのエールとしてまとめました。

四六判 144頁
本体 1,600円＋税
図書番号 1808

学級を最高のチームにする極意
アクティブ・ラーニングで学び合う授業づくり

小学校編　中学校編　赤坂真二 編著

各教科におけるアクティブ・ラーニング成功の秘訣！

アクティブ・ラーニングは「主体的で協働的な学習者の育成」が核です。それには教科の特性を踏まえた，主体的に追究できる課題づくり＆授業の展開が必要です。本書では協働を実現した成功実践モデルを各教科にわたって豊富に紹介しながら，成功の極意をまとめました。

小学校編
A5判 152頁 本体 1,700円＋税
図書番号 2556

中学校編
A5判 144頁 本体 1,660円＋税
図書番号 2557

明治図書　携帯・スマートフォンからは **明治図書ONLINE へ**　書籍の検索，注文ができます。　▶▶▶

http://www.meijitosho.co.jp　＊併記4桁の図書番号（英数字）でHP，携帯での検索・注文が簡単に行えます。

〒114-0023　東京都北区滝野川7-46-1　ご注文窓口　TEL 03-5907-6668　FAX 050-3156-2790